CRECER

-CRECER-
MANUAL 1
IDENTIDAD

Escrito por:
Dr. José Félix Coronel

Margarita Chinchillas
Correción y Edición

Pilar Palacios
Diseño Editorial

Adán Rodríguez
Diseño de Portada

Prohibida su reproducción total o parcial por cualquier medio, ya sea electrónico, escrito o hablado, sin el permiso por escrito del autor. Salvo en el uso de citas con reconocimiento al pie de grabado.

editorial REDIME

BIENVENIDA

¡Felicidades! Hoy inicias una nueva aventura a través de la Escuela de Formación CRECER, que tiene como objetivo equiparte para un crecimiento espiritual, que te llevara a encontrarte con grandes verdades y poderosas revelaciones.

La Escuela de Formación Crecer, su principal interes es que tu puedas conocer tu verdadera identidad, ya que a traves de esta conoceras tu proposito en la tierra, tus interrogantes seran disipadas y asi alcanzarás tu destino.

A lo largo de esta aventura tu estudiaras y comprenderas las siguientes areas en tu vida:

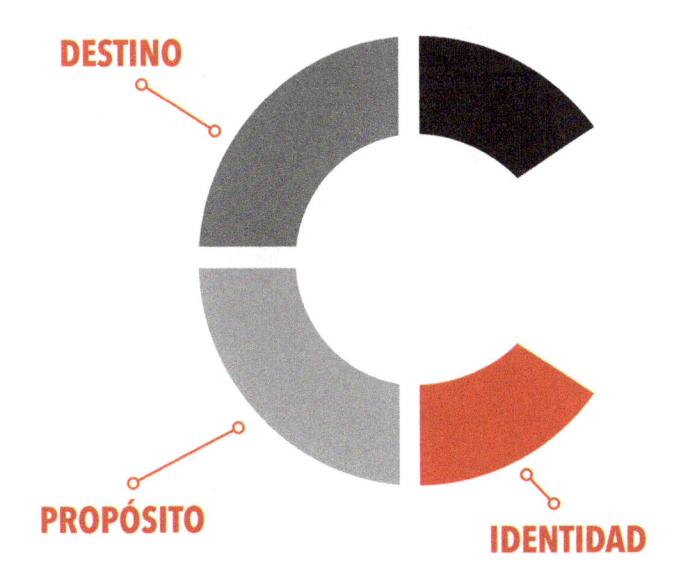

DESTINO

PROPÓSITO

IDENTIDAD

En este primer manual iremos comprendiendo que nuestra verdadera identidad es con Aquel que nos formó a su imagen y semejanza.

IDENTIDAD

INTRODUCCIÓN

¡Yo soy, Yo pienso, Yo quiero, son las tres definiciones que nos llevan a conocer nuestra identidad. La Identidad es lo que me define, esto quiere decir la forma de pensar, hablar, caminar, vestir y actuar. Muchas veces tratamos de buscar nuestra identidad, pero el problema con esto es que buscamos a nuestro alrededor en lugar de ir a la fuente correcta que es Dios.

La identidad que Dios da es eterna, basada en su naturaleza, en la forma en la que se piensa y actúa, tomando como base su amor, justicia, santidad y deidad. No lo que veo a través de mis ojos o lo que aprendo a través de la sabiduría humana.

Adán y Eva fueron creados a la imagen y semejanza de Dios, pero al creer las mentiras de la serpiente, pusieron en duda la fuente de su identidad, se despertó el deseo de adquirir conocimiento pero sin sabiduría de Dios, esto produjo soberbia, al punto que despreciaron al creador y desecharon su llamamiento. Cuando Dios les confronta acerca de lo sucedido, de su elección de comer del árbol del conocimiento, ellos se esconden y evaden su responsabilidad descargándolas sobre otro, he aquí una clara evidencia que su identidad fue distorsionada. Cuando la identidad de una persona es perturbada, buscará refugios falsos y echará todo el peso de la responsabilidad sobre otras personas.

La vida es una relación de causa–efecto, esto nos lleva a comprender que está compuesta de elecciones con sus consecuencias. Adán y Eva exaltaron su razonamiento tomando una elección que les produjo desilusión, desesperanza y temor, rechazaron el entendimiento desde la perspectiva de Dios, que produce fe, esperanza y amor.

Creer mentiras acerca de nuestra identidad, nos llenará de temor, este temor será la base para tomar malas decisiones basadas en nuestro conocimiento, y como resultado experimentamos ansiedad e ira, pero cuando nos volvemos a la fuente correcta y recuperamos nuestra identidad, aprendemos a responsabilizarnos y resolvemos desde la perspectiva de Dios, lo cual trae paciencia, paz y gratitud.

Los primeros pasos para que una persona restaure su identidad es comprender que:

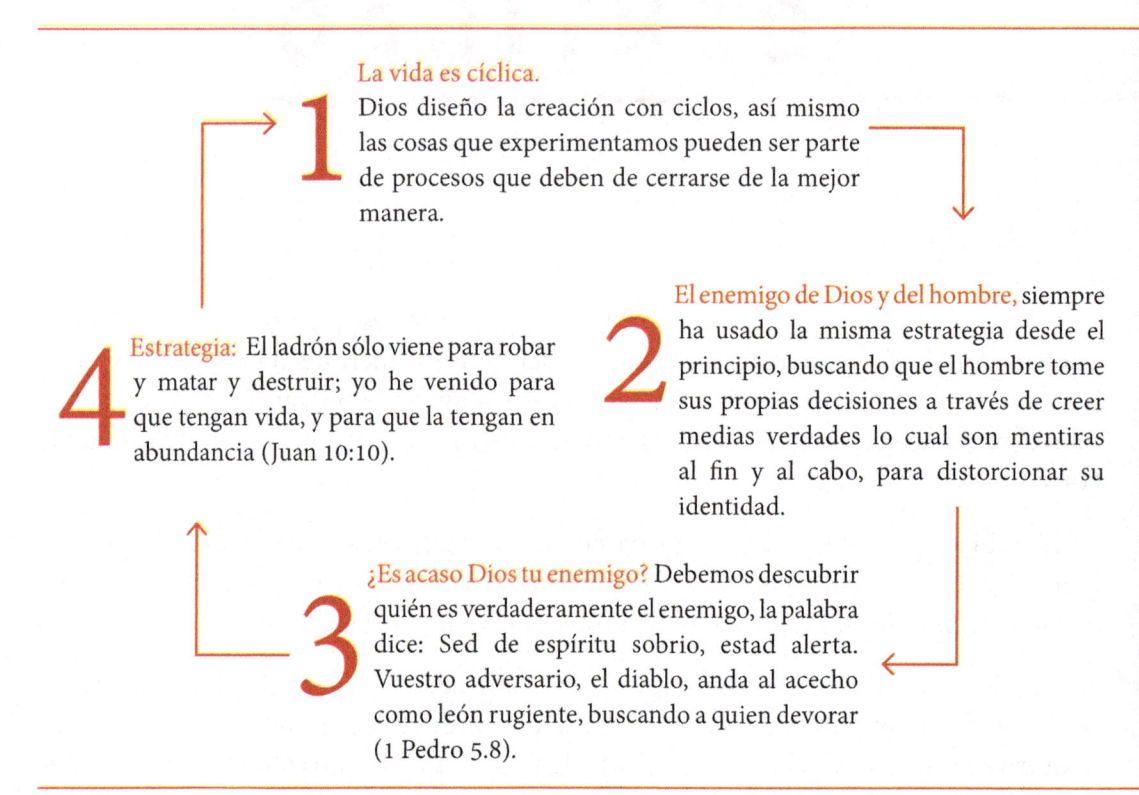

1 **La vida es cíclica.** Dios diseñó la creación con ciclos, así mismo las cosas que experimentamos pueden ser parte de procesos que deben de cerrarse de la mejor manera.

2 **El enemigo de Dios y del hombre,** siempre ha usado la misma estrategia desde el principio, buscando que el hombre tome sus propias decisiones a través de creer medias verdades lo cual son mentiras al fin y al cabo, para distorcionar su identidad.

3 **¿Es acaso Dios tu enemigo?** Debemos descubrir quién es verdaderamente el enemigo, la palabra dice: Sed de espíritu sobrio, estad alerta. Vuestro adversario, el diablo, anda al acecho como león rugiente, buscando a quien devorar (1 Pedro 5.8).

4 **Estrategia:** El ladrón sólo viene para robar y matar y destruir; yo he venido para que tengan vida, y para que la tengan en abundancia (Juan 10:10).

La buena noticia es que podemos recuperar nuestra identidad y romper ciclos destructivos, aprendiendo a resolver conflictos y tener una vida equilibrada, sana, próspera, delante de Dios, a través de afirmarnos en la identidad correcta. Y ahora permanecen la fe, la esperanza y el amor, estos tres; pero el mayor de ellos es el amor (1 Corintios 13.13).

En este manual encontrarás verdades que te ayudarán a transformar tu identidad de una manera especial a través de conocer a Dios, sus principios y sobre todo, su amor. Con amor…

EQUIPO REDIME

CONTENIDO

- 9 ¿QUIÉN SOY Y PORQUE ESTOY AQUÍ? 1
- 23 SOMOS SERES ESPIRITUALES 2
- 41 EL PODER QUE ACTÚA EN NOSOTROS 3
- 57 LA EKKLESIA 4
- 69 EL PECADO Y SUS CONSECUENCIAS 5
- 81 ADMINISTRADORES DEL REINO 6
- 97 LA PERSONALIDAD DE DIOS 7
- 109 LOS DONES ESPIRITUALES 8

LECCIÓN **1**

¿QUIÉN SOY Y PORQUE ESTOY AQUÍ?

2CORINTIOS 3.18
Por tanto, nosotros todos, mirando a cara descubierta como en un espejo la gloria del Señor, somos transformados de gloria en gloria en la misma imagen, como por el Espíritu del Señor.

IDENTIDAD

PREGUNTAS INTRODUCTORIAS

1. ¿Qué entiendes por *identidad*?

2. ¿Qué entiendes por: *somos transformados*?

3. ¿Qué entiendes por: *en la misma imagen*?

¿QUIÉN SOY Y PORQUE ESTOY AQUÍ? LECCIÓN 1

OBJETIVOS

1. Tener una idea clara de la identidad que perdimos

2. La pregunta de muchas personas, *¿Quién soy?*

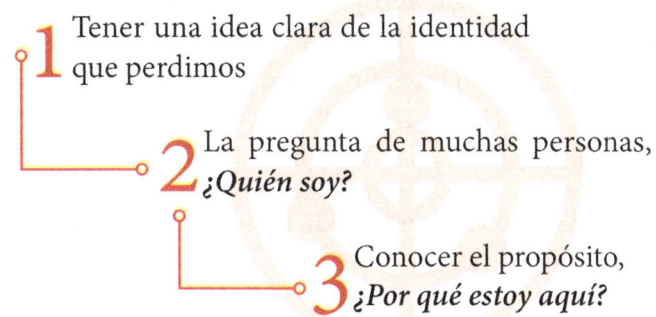

3. Conocer el propósito, *¿Por qué estoy aquí?*

DESARROLLO

NUESTRA IDENTIDAD

En principio, nuestra identidad está definida por nuestra genética, de donde vinimos, traemos el color de los ojos del papá, las facciones de la mamá, el temperamento del abuelo, el color de piel de la abuela, todo esto se encuentra en el ADN que nos heredan nuestros padres. En el camino vamos adquiriendo algunas otras características que nos hacen personas únicas y diferentes a cualquier otra. El diccionario define el término identidad como el carácter particular o la personalidad de un individuo. También dice que es el conjunto de rasgos propios de un individuo o de una colectividad que lo caracterizan frente a los demás. Otra definición establece que es la conciencia que una persona tiene de ser ella misma y distinta a los demás.

En los últimos tiempos, esta palabra ha tomado gran relevancia debido a que el ser humano ha estado confrontando lo que los psicólogos llaman crisis de identidad. Los conflictos sufridos por la humanidad y las presiones sociales causadas, han creado confusión psicológica y trastornos de la conducta. Algunos han estado tratando de resolver su problema de identidad psicológica con el esfuerzo humano, pero no se han dado cuenta de que el problema fundamental y primario es más profundo y se relaciona con la falta de identidad espiritual. Cuando el hombre perdió su identidad espiritual, lo llevó a sufrir la decadencia en todos los otros aspectos de su existencia. El hombre fue creado en un principio para ser un ser perfecto para interactuar con todos los sistemas que le rodean.

El Dr. Lucas dice que nuestro padre Adán era *hijo de Dios* (Lucas 3.38). La identidad de Adán provenía de Dios, por lo tanto, nuestra identidad también proviene de Él. El

IDENTIDAD

problema fue que al ser engañado y desobedecer a Dios, Adán perdió esta identidad, y por causa de ello, toda la raza humana fue forzada a vivir en un estado de confusión y pérdida constante de todo bien. En el Jardín del Edén, Satanás realizó el primer robo de identidad de la historia, de ahí todos los seres humanos heredaron una identidad apócrifa y distorsionada.

En Génesis 1.26-28 leemos acerca de la historia de la creación de nuestros primeros padres Adán y Eva.

Estos son los principios bíblicos que establecen nuestra identidad al ser creados: *1. Hagamos al hombre a nuestra imagen; 2. Conforme a nuestra semejanza; 3. Y señoreen en…. toda la Tierra; 4. Llenad la Tierra y sojuzgadla.*

PRINCIPIO I	PRINCIPIO II
Según el modelo del creador: *A la imagen de Dios.*	Con un corazón conforme al de Él: *A la semejanza de Dios.*
• La imagen tiene que ver con las cualidades morales como el amor, la misericordia, la justicia, la santidad, la verdad y las demás cosas relacionadas con el espíritu.	• La semejanza tiene que ver con capacidades como la razón, el pensamiento, la personalidad y el intelecto; la capacidad de relacionarse, de ver, escuchar, hablar y comunicarse.
• Entre los dones que se le dieron estaba la libertad de actuar, de decidir por sí mismo, el libre albedrío de escoger según su voluntad. Esto también era un atributo del Padre.	• La capacidad creativa, de hacer proyectos, de utilizar la palabra viva y eficaz para hacer todo lo que era bueno y correcto.

¿QUIÉN SOY Y PORQUE ESTOY AQUÍ? LECCIÓN 1

PRINCIPIO III

Fuimos creados con un propósito:
Fructificad y multiplicaos, llenad la tierra.

- Dios creó al hombre con la capacidad de procrear, la idea de Dios era que Adán y Eva se clonaran en otros seres humanos con sus mismas capacidades, poder creativo, moralidad, a la inmensa bendición de interactuar con su Creador.

- ¿Qué fruto darían? Estarían viviendo en la tierra como Dios mismo viviría, duplicando su ADN en sus hijos, nietos, bisnietos, llenando la tierra de gente semejante a Dios. Dios creó al hombre para que llenara la Tierra con otros seres semejantes a él, que debían reproducirse con la misma identidad que Dios les dio a nuestros primeros padres.

PRINCIPIO IV

Fuimos creados con un destino:
Sojuzguen y señoreen en toda la Tierra.

- Dios creó al hombre para que fuera un agente de su Reino, para gobernar y someter al resto de la creación. Dios nos hizo socios participantes en su gobierno. Señorear significa ejercer absoluta autoridad y control sobre algo. El hombre tenía poder para mandar sobre la naturaleza. Era señor de la creación y embajador de Dios en la tierra.

- Serían a imagen y semejanza de Dios, señorearían sobre toda la Tierra e impondrían su autoridad delegada por Dios sobre la naturaleza. Serían los administradores de la creación de Dios, gobernando bajo los principios y valores recibidos de parte del Creador.

Muchos se preguntan:

¿Quién soy?   *¿Para qué estoy aquí?*   *¿Por qué soy como soy?*

¿A quién me parezco?   *¿De dónde vengo?*   *¿Hacia dónde voy?*

Y mediante estas interrogantes trata de encontrar su identidad perdida. Pero esto sólo podrá tener respuesta en el mismo que nos dio su identidad en el principio: ¡Nuestro Creador!

IDENTIDAD

¿QUIÉN SOY?

¡En Cristo todas las cosas son restauradas! Sólo en él podemos recuperar nuestra identidad perdida. La Biblia establece claramente quiénes somos, lo que tenemos y lo que podemos. Conocer nuestra identidad es de lo más valioso e importante en que debemos preocuparnos. Cuando no sabemos quiénes somos, no podremos saber a dónde vamos. Como cristianos nacidos de nuevo por la fe en Jesucristo, tenemos una nueva identidad. Cuando la conocemos y la entendemos, también sabremos cuál es el propósito para el que fuimos creados, y cuál es el destino que Dios preparó de antemano para nosotros.

El enemigo sabe muy bien la importancia de saber quiénes somos. Por esto ha venido distorsionando nuestra identidad, pues de esta manera nos incapacita para cumplir el propósito que Dios tiene para nosotros. Esta es una de sus maneras de entorpecer la obra de Dios en la Tierra. ¡Para este fin se vale de la mentira, engaño y falsedad!

En Génesis 3.3-5, Satanás engañó a Eva distorsionando su identidad.

La pregunta es: ¿Conocía Eva quién era, para qué fue creada y cuál era su destino? El resultado del descuido fue el deterioro de la identidad y la distorsión del destino, por supuesto la pérdida del propósito por el que fueron creados. La serpiente astuta siempre ha tratado de destruir los principios por los cuales fuimos creados. En Mateo 4.3, trató de hacer lo mismo con Jesús, pero sin resultado: *Y vino a él el tentador, y le dijo: Si eres Hijo de Dios, di que estas piedras se conviertan en pan.* El ataque fue directo contra su identidad: ¡Si eres Hijo de Dios!

La persona que está segura de su identidad, conoce bien su propósito y su destino, no se deja engañar de Satanás. Lo primero que el enemigo ataca en el ser humano es su identidad.

¿Quién soy, para que fui creado?

¡Soy un hijo de Dios creado a su imagen y semejanza para administrar su reino en la tierra!

LOS REFUGIOS FALSOS

Adán y Eva perdieron la identidad en el momento que pecaron de desobediencia. De inmediato su identidad fue distorsionada, en lugar de reconocer su falta corrieron a tratar de enmendarla a su modo. De inmediato trataron de ocultar el pecado y se escondieron entre los árboles del Huerto. Las vestiduras celestiales con que el Padre les había vestido les fueron retiradas y ellos fueron a buscar un vestido de hojas de higuera. Esto es lo que sucede con el ser humano, siempre trata de ocultar su falta, busca un refugio falso y se viste con una coraza humana.

Esto son ejemplos de cuando la identidad es distorsionada.

	IDENTIDAD CORRECTA *Como ve Dios*	IDENTIDAD DISTORSIONADA *Como me veo*
GEDEÓN Jueces 6.11-15	Esforzado Valiente Dios estaba con él	Miedoso Temeroso Inseguro Pesimista
SAÚL 1Samuel 9.20-21	Alto Hermoso Fornido Un Rey	Menosprecio a sí mismo Incapaz de ejercer el puesto Baja autoestima Miedoso Huyó a un "lugar cómodo"
SAULO DE TARSO (PABLO) Filipenses 3	Gran Instrumento de Dios de todas las épocas Con un Gran Destino	Religioso Celoso Perseguidor Violento
EL HIJO PRÓDIGO Lucas 15.13-17	Hijo natural Amado	Ambicioso No honró a sus padres Vida desenfrenada

IDENTIDAD

Jesús de Nazaret. Las condiciones en las que Jesús nació y se desarrolló no fueron nada favorables. Su familia no era rica, los tiempos eran difíciles, e Israel estaba regido por el Imperio Romano. La situación particular de su nacimiento dio cabida a la murmuración y crítica.

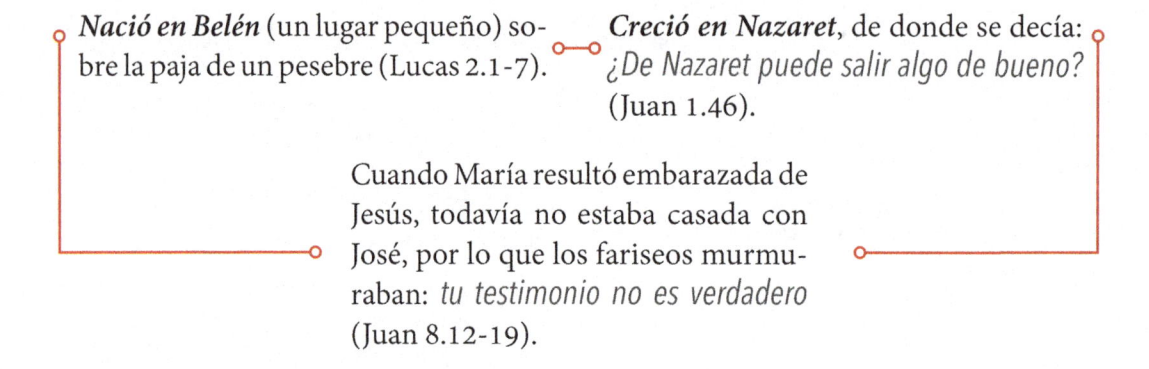

- *Nació en Belén* (un lugar pequeño) sobre la paja de un pesebre (Lucas 2.1-7).
- *Creció en Nazaret*, de donde se decía: *¿De Nazaret puede salir algo de bueno?* (Juan 1.46).
- Cuando María resultó embarazada de Jesús, todavía no estaba casada con José, por lo que los fariseos murmuraban: *tu testimonio no es verdadero* (Juan 8.12-19).

Pero ninguna de estas condiciones desfavorables, afectaron la identidad de Jesús. No se desvió en ningún momento. ¡Estaba seguro de su identidad!

¿Con quién debemos identificarnos? Nuestro modelo debe ser Jesucristo: Él es la imagen del Dios invisible (Colosenses 1.15). Sólo llegaremos a estar plenos y satisfechos cuando encontremos nuestra verdadera identidad. Cuando hemos recuperado la identidad de hijos de Dios, nos convertimos en miembros de una nación santa, de un pueblo escogido, herederos de las grandezas de Dios, reyes y sacerdotes en este mundo, administradores del reino de nuestro Padre y más que vencedores en Cristo Jesús.

RESTITUCIÓN DE LA IDENTIDAD

En la identidad con que fuimos creados no solo tenemos la imagen y semejanza de Dios, sino que somos seres únicos con características diferentes a otro ser humano, con la capacidad de decisión propia, inteligencia y habilidades individuales. En el mundo podrá haber millones de millones de personas, pero ninguno será idéntico a otro. El Creador, en su infinita sabiduría, ha hecho que nos diferenciemos de los demás de diferentes maneras: Las huellas digitales, el iris del ojo, la voz, el ADN, capacidades y habilidades únicas.

> *La identidad es un conjunto de características que son propias de una persona y que permiten diferenciarla.*

¿QUIÉN SOY Y PORQUE ESTOY AQUÍ? **LECCIÓN 1**

Como hijos, debemos parecernos a nuestro Creador. Pero el enemigo es astuto y vino dispuesto a robar, a matar y a destruir (Juan 10.10). Dentro de sus propósitos al robarnos la identidad es que no sepamos quienes somos, de modo que nunca podamos vernos como reflejo de la imagen de Dios. De esta manera, no nos veremos cómo hijos de Dios porque pensamos que somos demasiado insignificantes, pecadores y malos. Es necesario que meditemos en esto: ¿Qué concepto tenemos de nosotros mismos?

SIN CRISTO
- Somos hijos de la ira
- Somos hijos de desobediencia
- Hacemos la voluntad de la carne

Estabamos lejanos mas ahora somos cercanos por la sangre de Cristo (Efesios 2.13)

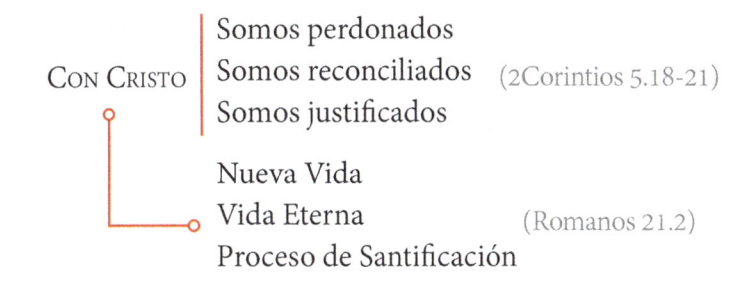

CON CRISTO
- Somos perdonados
- Somos reconciliados   (2Corintios 5.18-21)
- Somos justificados

- Nueva Vida
- Vida Eterna   (Romanos 21.2)
- Proceso de Santificación

En Cristo hemos sido reconciliados con Dios, hemos sido perdonados, hemos sido justificados delante del Padre (2Corintios 5.18-21). Hemos nacido de nuevo, tenemos vida eterna, estamos en el proceso de la santificación, tenemos una nueva manera de vivir, una nueva identidad, ya estamos completos para poder vivir la vida de abundancia que Cristo nos da. Pero para que todo sea una realidad, tenemos que asumir esto en nuestra mente y aceptarlo por fe, mediante la renovación de nuestro entendimiento; cambiando nuestra vieja forma de pensar (Romanos 21.2).

IDENTIDAD

Relaciona las columnas con la respuesta correcta

CUADRO DE TRABAJO
Nuestra nueva identidad en Cristo

1. Jesús me ha dado la potestad de ser un hijo de Dios.

2. Al haber sido justificado por medio de Jesús, tengo paz en mi vida.

3. Como hijo, tengo acceso directo al Padre, no necesito intermediarios.

4. Como hijo de Dios, todas las cosas que me suceden son para bien.

5. Mi vida está escondida, protegida, por Dios.

6. Soy nacido de Dios y nada malo me puede tocar.

7. Como hijo de Dios, soy embajador de mi Padre en este mundo.

Efesios 2.18

Colosenses 3.3

1Juan 5.18

Juan 1.12

2Corintios 5.20

Romanos 5.1

Romanos 8.28

A LA IMAGEN Y SEMEJANZA ORIGINAL

Por la desobediencia de un hombre los muchos fueron constituidos pecadores... (Romanos 5.19a). El pecado de Adán nos condenó a todos a una condición inevitable de pecado. Por más esfuerzo que hagamos, humanamente no podemos ser obedientes a la justicia de Dios. Nuestra naturaleza es pecaminosa, desobediente, carnal, por lo que la Biblia nos llama hijos de desobediencia (Efesios 2.2).

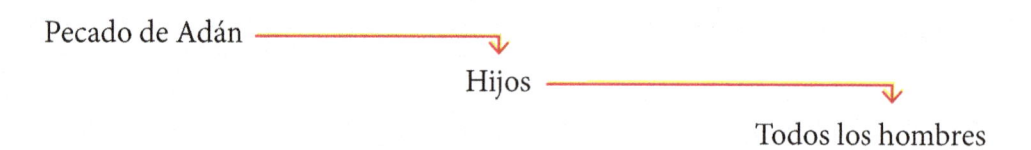

Pecado de Adán ⟶

Hijos ⟶

Todos los hombres

| Somos engendrados en pecado (Salmo 51.5). → | El pecado está en nuestros miembros (Romanos 7.22-23). ← | Por la obediencia de uno somos *Justificados* (Romanos 5.19b). |

Todo lo que se perdió en el huerto del Edén ahora puede ser recuperado. Ahora somos justos, es decir, la justicia de Dios está ya en nuestro interior y podemos vivir obedeciendo los mandamientos de Dios.

Desde la caída del ser humano en el Edén, el diablo había estado ejecutando sus planes haciendo que la vida del hombre fuera miserable:

| DIABLO | JESUS |
| Vino sólo para robar, para matar y para destruir (Juan 10.10a). | Ha venido para que tengan vida, y para que la tengan en abundancia (Juan 10.10b). |

Y esa vida que Jesús nos ofrece cuenta desde el instante en que le recibimos como Señor y Salvador de nuestras almas.

Adán perdió virtudes muy impresionantes que están en la imagen y semejanza de Dios. Por ejemplo, después del pecado el hombre ya no pudo obedecer a Dios, pero Jesús viene y nos rescata de la desobediencia para vivir en la justicia divina. El pecado provocó que perdiéramos la relación con Dios, Jesús viene a reconciliarnos con el Padre al pagar el precio de nuestro pecado. El diablo se aprovechó del pecado para darnos una imagen corrompida, Jesús viene para regresarnos la verdadera imagen y la identidad correcta como hijos de Dios.

Ahora, en Cristo, somos trasformados a la misma imagen con que fuimos creados, recuperamos nuestra identidad, somos a imagen y semejanza del que nos creó y nuestro desafío es permitir que el Espíritu Santo trabaje en nosotros para que cada día seamos más parecidos a Jesús.

UNA HERMOSA REFLEXIÓN

Había una vez, en algún lugar un hermoso jardín con manzanos, naranjos, perales y bellísimos rosales, todos ellos felices y satisfechos. Todo era alegría en el jardín, excepto por un árbol profundamente triste. El pobre tenía un problema: No sabía quién era.

IDENTIDAD

—Lo que te falta es concentración —le decía el manzano— Si realmente lo intentas, podrás tener sabrosas manzanas. ¡Veme a mí, es muy fácil!

—No lo escuches —exclamó apresuradamente el rosal— Es más sencillo tener rosas, y ¿ves que bellas son?

El árbol, desesperado, intentaba todo lo que le sugerían. Y como no lograba ser como los demás, se sentía cada vez más frustrado. Un día llegó hasta el jardín el búho, la más sabia de las aves, y al ver la desesperación del árbol exclamó: —No te preocupes, tu problema no es tan grave. Es el mismo de muchísimos seres en la Tierra. Yo te daré la solución: No dediques tu vida a ser como los demás quieren que seas. Sé tú mismo, conócete, y para lograrlo, escucha tu voz interior. —Y dicho esto, el búho desapareció.

—¿Mi voz interior? ¿Ser yo mismo? ¿Conocerme? —Se preguntaba el árbol desesperado; cuando de pronto, comprendió todo. Y cerrando los ojos y los oídos, abrió el corazón, y por fin pudo escuchar su voz interior. —Tu jamás darás manzanas porque no eres un manzano; ni florecerás cada primavera porque no eres un rosal. Eres un roble y tu destino es crecer grande y majestuoso. Dar cobijo a las aves, sombra a los viajeros, belleza al paisaje; tienes una misión ¡Cúmplela!— Y el árbol se sintió fuerte y seguro de sí mismo, se dispuso a ser todo aquello para lo cual estaba destinado, así pronto llenó su espacio, fue admirado y respetado por todos.

La pregunta para nosotros es: ¿Hemos descubierto nuestra verdad identidad? ¿Estamos haciendo en la vida de acuerdo a nuestro propósito? ¿Estamos persiguiendo nuestro destino? Antes de que viniéramos a este mundo nuestro destino ya había sido diseñado. Nuestro desafío es conocer la perfecta voluntad de Dios y entrar en el camino de nuestro propósito, el resto vendrá por añadidura.

Dios nos creó para tener dominio y administrar el reino de Dios en esta Tierra. Hemos sido diseñados para estar encima y no abajo, ser cabeza y no cola, a prestar y no pedir prestado, a vivir en victoria y no en derrota. Tenemos que activar el sentido de pertenencia. Dios nos dio cosas que el diablo nos ha quitado, esas cosas todavía son nuestras y tenemos que empezar a recuperarlas. El apóstol Pablo dice que ¡en él (Cristo) tuvimos (ya nos fue asignado) herencia!

¿QUIÉN SOY Y PORQUE ESTOY AQUÍ? **LECCIÓN 1**

PREGUNTAS FINALES

1. ¿Por qué es tan importante conocer quiénes somos?

2. ¿Qué fue lo primero que se perdió en el Jardín del Edén?

3. ¿Cuál es el trabajo del diablo en la vida del ser humano? (Juan 10.10)

4. ¿Qué entiendes por la frase: Vida en abundancia? (Juan 10.10)

5. ¿A quién debemos procurar parecernos? ¿Por qué?

IDENTIDAD

APLICACIÓN

El profeta Jeremías declaró una promesa a un pueblo que sería llevado cautivo por muchos años (Jeremías 29.11-13).

Esta promesa está vigente para todo aquel que quiera creer en Jesucristo como el Hijo de Dios que fue enviado para darnos vida abundante.

Recuperar nuestra identidad, operar en el propósito para el cual fuimos creados e ir tras nuestro destino en la Tierra, es un gran desafío del cual Dios nos hace responsables de una manera personal. Por supuesto que los beneficios son grandes y muy importantes, ahora nos toca pelear la buena batalla de la fe para un crecimiento espiritual (Romanos 8.29). Según esta declaración del apóstol Pablo, antes de nacer, Dios ya había definido que nosotros recuperaríamos nuestra identidad para ser a la imagen de Jesús.

Dios nos promete que *somos transformados de gloria en gloria en la misma imagen, como por el Espíritu del Señor (2Corintios 3.18),* de tal manera que el Espíritu Santo trabaja con nosotros cada día para transformarnos a la identidad correcta, de tal manera que en Cristo estamos recuperando la imagen perdida en Adán.

ORACIÓN FINAL

Mi amado Jesús, te doy gracias por haber venido a recuperar lo que habíamos perdido con el pecado de Adán y Eva. Estoy ahora comprometido para seguir creciendo espiritualmente a la medida del varón perfecto que es Cristo, me voy a esforzar a aprender más de ti y ser testimonio de un verdadero cambio que glorifique a mi Dios. ¡Amén!

LECCIÓN 2

SOMOS SERES ESPIRITUALES

1TESALONICENSES 5.23
Y el mismo Dios de paz os santifique por completo; y todo vuestro ser, espíritu, alma y cuerpo, sea guardado irreprensible para la venida de nuestro Señor Jesucristo.

IDENTIDAD

PREGUNTAS INTRODUCTORIAS

1. ¿Por qué decimos que somos seres tripartitos?

2. ¿Cómo nos podemos convertir en seres espirituales?

3. ¿Cuáles son las características de una persona espiritual?

4. ¿Cuáles son las características de una persona carnal?

SOMOS SERES ESPIRITUALES | **LECCIÓN 2**

OBJETIVOS

1. Entender las características de una persona transformada por el Espíritu Santo.
2. Aprender cómo interactúan el espíritu, alma y cuerpo.
3. Desarrollar una transformación en nosotros mismos.
4. Entender y aplicar el conocimiento bíblico.

DESARROLLO

El hombre es al mismo tiempo un ser físico y espiritual. La Biblia concibe al hombre como una unidad de espíritu, alma y cuerpo (1 Tesalonicenses 5.23). Aunque somos seres eternos en este espacio, en la eternidad llamado tiempo, Dios dice: *Con el sudor de tu rostro comerás el pan hasta que vuelvas a la tierra, porque de ella fuiste tomado; pues polvo eres, y al polvo volverás (Génesis 3.19).* Mientras que el cuerpo vuelve a la tierra, el alma y el espíritu existen para siempre (Mateo 25.46). De esa manera, está justificado hablar de la inmortalidad del alma o de la continuidad de la vida después de la muerte.

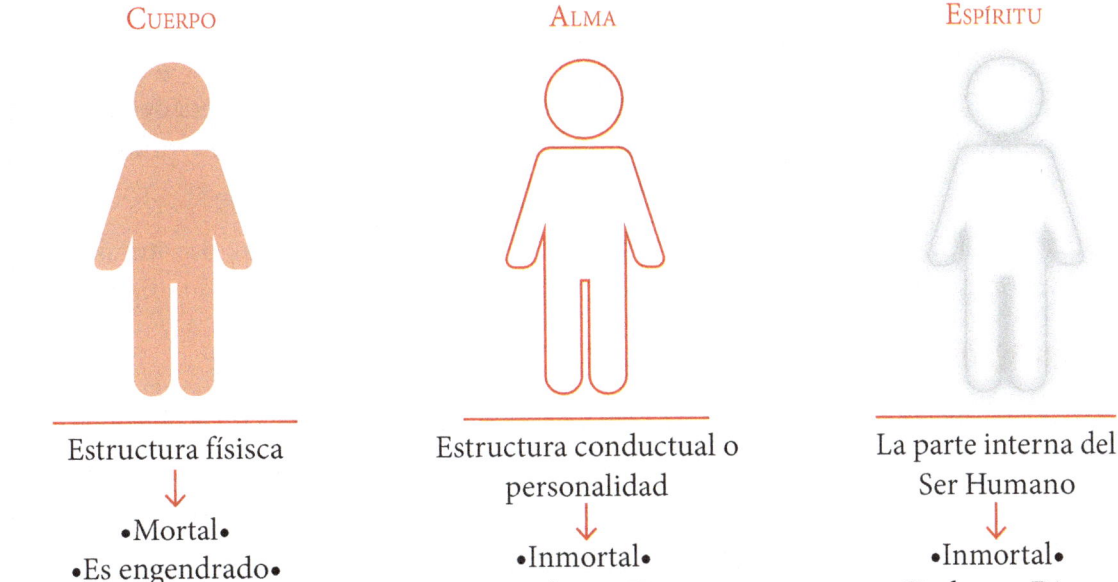

CUERPO	ALMA	ESPÍRITU
Estructura físisca	Estructura conductual o personalidad	La parte interna del Ser Humano
↓	↓	↓
•Mortal•	•Inmortal•	•Inmortal•
•Es engendrado•	•Creada por Dios•	•Dado por Dios•

IDENTIDAD

Para que las tres partes del hombre puedan estar completas, cada una tiene que estar en armonía con las otras, cada una tiene un papel que desempeñar en el bienestar de cada persona. Algunos estudiantes de la Biblia creen que no hay diferencia alguna en el significado de las palabras "espíritu" y "alma". Ellos dicen que ambos términos se refieren a esa parte del hombre que no es física ni material. Es cierto que algunos versículos bíblicos usan cualquiera de los términos de esa manera general. Sin embargo, en otros versículos, cada una de esas palabras es usada con un significado especial y preciso.

El escritor del Libro de Hebreos indica claramente que hay una diferencia entre los vocablos "espíritu" y "alma" en el hombre (Hebreos 4.12).

Note bien que la palabra de Dios ve a estas entidades separadas y distintas dentro de nosotros. Pablo señala la diferencia entre los dos términos en su primera epístola a la iglesia de Corinto (1Corintios 2.14-15). Note la diferencia entre el hombre natural y espiritual.

Examinemos los términos griegos en el Nuevo Testamento para *espíritu, alma y cuerpo*.

- *Pneuma*. El término griego para espíritu es *pneuma*, que significa aliento o soplo.

- *Psuche*. La palabra griega para alma es *psuche*. Por lo tanto, la psicología es la ciencia que estudia el alma (mente) del hombre.

- *Soma*. Finalmente, el término griego para cuerpo es *soma*. Las enfermedades psicosomáticas (cuerpo y alma), son desórdenes del cuerpo causados por los problemas mentales y emocionales (relacionados con el alma).

Estos tres términos han sido cuidadosamente trazados a través de las Escrituras del Nuevo Testamento. Con relación a la hechura del hombre, son usados como sigue:

ESPÍRITU *(PNEUMA)*

El espíritu, es el órgano que está consciente de Dios: El espíritu es vivificado por el Espíritu de Dios en el instante que se recibe la salvación. Entendemos el espíritu de esta manera:

Comunión. Mantenemos una comunión íntima con nuestro Creador, podemos adorarle, servirle y testificar al mundo de nuestra fe.

SOMOS SERES ESPIRITUALES — LECCIÓN 2

A.T. *(SOD)* = *AMISTAD-CONOCIMIENTO ÍNTIMO*

Salmos 25.14 - Con los que le temen
Proverbios 3.32 - Con «los Justos»

N.T. *(KOINONÉA)* = *PARTICIPACIÓN-COMPAÑERISMO*

Dios:
«los justos»:

Conciencia. Facultad común de los hombres (Romanos 2.13-15).

- Juzgar lo Bueno
- Reflexionar
- Meditar
- Tomar Buenas decisiones
- Nos hace semejantes a Dios

- Juzgar lo Malo
- Malos deseos
- Perversión del Juicio
- Tomar Malas decisiones

Como todos sufrimos las consecuencias del pecado original, ya no se puede identificar la voz de la conciencia con la de Dios. La conciencia de Saulo, por ejemplo, le impulsaba a perseguir a los cristianos (Hechos 26.9). Su pecado consistía en no aprovechar los medios a su alcance para enmendar e iluminar su conciencia.

Intuición. Este término se deriva de la palabra hebrea *nabat,* y se usa comúnmente con la connotación física de «mirar» (Éxodo 3.6). Órgano sensitivo del espíritu humano.

Exploración, Revelación, y Entendimiento — Del Mundo Espiritual

- Percepción Espiritual
- Discernimiento de Espíritus

Este verbo aparece más de 165 veces y se refiere al proceso de la inteligencia, de percibir, discernir y entender, que poseen todos los seres humanos en mayor o menor medida.

IDENTIDAD

Dios le dice a Jeremías (Jeremías 33.3). Podríamos llamar a esto LA GUERRA DE LA FE. Dios prometió a Jeremías que, si le llamaba, no sólo le contestaría, sino que le revelaría «cosas grandes y ocultas», que no podrían conocerse de otra manera (Efesios 1.17).

Es la intuición el órgano sensitivo del espíritu humano, es tan diferente del sentido físico y anímico, y su sensibilidad directa es independiente de cualquier influencia externa. Este conocimiento nos llega sin ninguna ayuda del pensamiento, la emoción o la voluntad. Sabemos por nuestra intuición, y nuestra mente nos ayuda a comprender las revelaciones de Dios y todos los movimientos del Espíritu Santo.

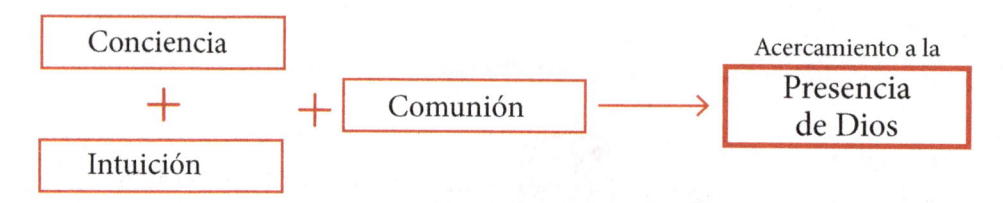

Conciencia + Intuición + Comunión → Acercamiento a la Presencia de Dios

Debemos entender que, aunque todo ser humano posee estos órganos en su espíritu, al no estar regenerados realizan su trabajo en forma corrompida. La comunión se desarrolla buscando el deleite de la carne y busca la intimidad con espíritus malignos, busca la adoración a través de música que no adora a Dios. La conciencia contaminada busca hacer lo malo y la intuición no percibe los deseos de Dios. Es importante entender que el espíritu es el receptor de los dones espirituales, donde podemos operar en ellos y hacer las señales del creyente.

ALMA *(PSUCHE)*

El *alma* es el órgano que nos permite estar conscientes de nosotros mismos (autoconciencia). Es el centro del yo o personalidad.

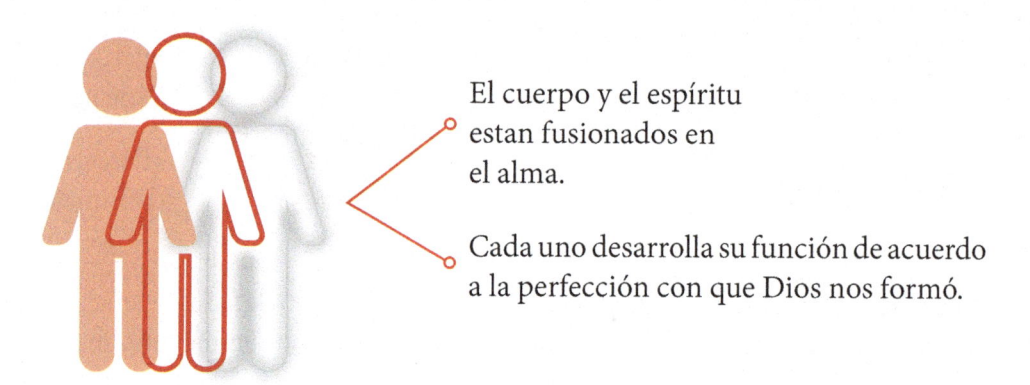

El cuerpo y el espíritu estan fusionados en el alma.

Cada uno desarrolla su función de acuerdo a la perfección con que Dios nos formó.

LAS TRES ÁREAS QUE CONTIENE EL ALMA

Intelecto:
- Pensar (meditar, concebir).
- La capacidad de producir por habilidades humanas.
- Es la expresión creativa.
- A través del intelecto desarrollas los talentos (Mateo 25.14-15).

Es en esta área donde aprovechamos para hacer las cosas de excelencia para la gloria de Dios. Como hijos de un Dios excelente, debemos de esforzarnos para desarrollar cada trabajo en una forma digna de nuestro amante Dios (Colosenses 3.4).

Dios desea que sus hijos manifiesten su gloria a toda persona alrededor del mundo (Mateo 28.18-19). Esta verdad fue hecha una realidad, y la Biblia testifica: *Y ellos, saliendo, predicaron en todas partes, ayudándoles el Señor y confirmando la palabra con las señales que la seguían (Marcos 16.20).* Dios mismo estuvo en cada momento con la iglesia primitiva, confirmando la palabra con las señales que seguían manifestando su presencia.

Emociones:
- Capacidad de sentir (pasión, afecto).
- Expresión emocional.
- Es la parte que nos hace seres sociables.
- Capacidad de sonreír o enojarse, de mostrar amor o ira (Eclesiastés 11.10).

Cuando María recibe la noticia de su embarazo manifestó sus emociones diciendo: *Y mi espíritu se regocija en Dios mi Salvador (Lucas 1:47).* En la parábola del rico insensato dice: *y diré a mi alma: Alma, muchos bienes tienes guardados para muchos años; repósate, come, bebe, regocíjate (Lucas 12.19).* En estos pasajes marca las emociones como "regocíjate" que es una expresión de alegría extrema.

Voluntad:
- Determinación para desear o querer.
- Capacidad de decisión.
- Es el instrumento que manifiesta nuestra elección.
- Es el órgano que nos permite ser libres.

IDENTIDAD

En este sentido, cada uno de nosotros, como personas autónomas en nuestras decisiones "fabricamos" nuestro destino de acuerdo a lo que nuestro intelecto nos ayuda a definir, como lo que más deseamos, anhelamos o queremos. La voluntad puede ser influenciada por aspectos externos, pero somos libres para decidir lo mejor para nosotros.

CUERPO *(SOMA)*

Es la parte del hombre que está consciente de las reacciones con el mundo exterior.

LAS FUNCIONES DEL CUERPO

Recepción: • La información es recibida del mundo por vía de los sentidos.

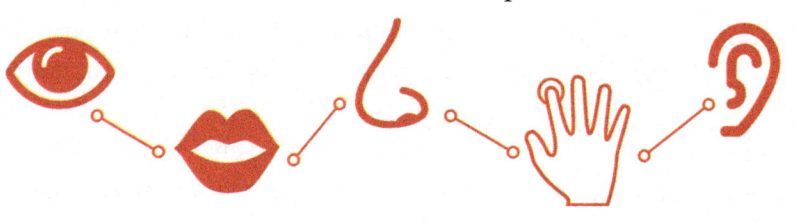

Reacción: • Lo hace a través del sistema motor (muscular) por medio de las palabras y acciones.

• Señales del EXTERIOR — Por medio de los sentidos

• Señales del INTERIOR — Por medio del alma y el espíritu

Expresión: • El cuerpo puede expresar al mundo los pensamientos, sensaciones y decisiones del alma (gestos, movimientos).

SOMOS SERES ESPIRITUALES | **LECCIÓN 2**

Esta tercer área del hombre es usada frecuentemente en la Biblia y de diversas maneras. El sentido más significativo, observado y aclarado en los escritos de Pablo, es la persona no regenerada. Hablando de su viejo "YO", el Apóstol Pablo lo declara en Romanos 7.18. No simplemente es carnal su naturaleza o una parte de su ser. Todo el ser de Pablo (y el nuestro) es carnal.

En el principio, el hombre fue hecho espíritu, alma y cuerpo.

Vincula al hombre con su creador

Almacena la personalidad del hombre

Lo manifiesta

El alma debe decidir si tiene que obedecer al espíritu y por consiguiente, estar unido a la voluntad de Dios, o si tiene que obedecer a la carne y a todas las tentaciones del mundo material.

En la caída del hombre, el alma se opuso a la autoridad del espíritu y quedó esclavizada al cuerpo y sus pasiones. De este modo el hombre se convirtió en un hombre carnal, no en un hombre espiritual. El espíritu del hombre fue despojado de su noble posición y fue rebajado a la de un prisionero. Puesto que ahora el alma está bajo el poder de la carne, la Biblia considera que el hombre es carnal. Actitudes y sentimientos pervertidos son el producto del hombre carnal.

Por eso Pablo aconseja: *Soportarnos y sobrellevarnos unos a otros.*

Las tres áreas del hombre espíritu, alma y cuerpo, se relacionan entre sí.

Seres humanos con capacidades personales.

IDENTIDAD

COMO SE RELACIONAN EL ALMA Y CUERPO

Nuestro cuerpo recibe información (a través de la vista o los ojos, de los oídos al escuchar, del olfato por medio de la nariz) por vía de los sentidos físicos. Esta información es recibida por el alma. *Percibir* significa interpretar, juzgar y entender lo que hemos recibido. A fin de hacer esto, es vital que dependamos de nuestra razón y nuestra memoria. Cómo pensemos y sintamos acerca de una situación, determinará qué acción tomaremos, ¡nuestra voluntad entra en escena! Cuando el alma está alineada al espíritu, las acciones del cuerpo honran a Dios, cuando el espíritu no ha sido restaurado las acciones son carnales.

COMO SE RELACIONAN EL ESPÍRITU Y ALMA

El espíritu del hombre no está completamente en operación debido al pecado. Antes de nacer del Espíritu Santo (nacer de nuevo), el espíritu del hombre está incapacitado, no funciona apropiadamente, ni en armonía con el Espíritu de Dios. Cuando el hombre se arrepiente y recibe a Cristo como su Salvador, su espíritu comienza a responder y a interaccionar con el Espíritu de Dios. El Espíritu Santo imprime los deseos de Dios al espíritu humano, enseguida, el espíritu manda señales al alma que debe digerir para motivar al cuerpo a una acción (Salmo 146.1). El salmista obliga al alma alabar a Dios, de ahí se desprende una acción corporal cantando, moviendo las manos, tocando un instrumento.

COMO SE RELACIONAN EL CUERPO Y ESPÍRITU

Regularmente el cuerpo y el espíritu no tienen una conexión sin la participación del alma, esta funciona como un tercer elemento de encuentro (Gálatas 5.16–17). La carne (cuerpo) tiene una contienda contra el Espíritu de Dios quien influencia al espíritu humano para trasmitir las señales al cuerpo por medio del alma. Cuando no ha habido una restauración en el ser humano, la persona se convierte en una persona carnal siguiendo los deseos del mundo, mientras que el Espíritu Santo no tiene mucha oportunidad de influenciar el alma para provocar acciones que glorifiquen a Dios.

LA OPERACIÓN DEL ESPÍRITU SANTO EN EL ALMA

El propósito de Dios es que todas las funciones del alma del hombre estén bajo el señorío o dirección del Espíritu Santo. El fruto, los dones y gracia otorgadas por el Espíritu Santo, capacitan al recién nacido en Cristo para que vaya creciendo a medida que va obedeciendo la Palabra de Dios (1Corintios 2.14).

Si contristamos al Espíritu Santo con nuestras acciones naturales o racionales pecaminosas, retendremos su fluir a través de nuestras vidas. Entonces, volveremos a caer en nuestra antigua o pasada manera de vivir (Romanos 8.5; Gálatas 5.16-26). El Espíritu Santo funciona como un agente santificador en nuestra alma, entendiendo que "santificar" quiere decir "ser apartados", el Espíritu nos aparta para adorar a Dios y servirle (Romanos 12.2).

Nuestro instinto natural para resolver los problemas de la vida es hacerlo con el "yo" que controla el alma. A menudo, la gente dice: ¡No puedo evitar sentirme así! Sin embargo, las emociones son reacciones de lo que la mente piensa. Los pensamientos negativos producen emociones negativas, las que a su vez producen acciones negativas.

Relaciona las columnas con la respuesta correcta

CUADRO DE TRABAJO
Nuestra nueva identidad en Cristo

1. He sido predestinado a ser la imagen de Jesús en la tierra.

2. El Espíritu me ayuda en mis debilidades. — Romanos 8.26

3. El Espíritu se opone a los deseos de la carne. — Romanos 7.24

   Gálatas 5.25

4. ¡Miserable de mí! ¿quién me librará de este cuerpo de muerte? — Lucas 10.19

5. Si vivimos por el Espíritu, andemos también por el Espíritu. — Romanos 8.29

6. Recibimos poder por el Espíritu Santo. — Gálatas 5.17

   Hechos 1.8

7. Dios nos ha dado poder y autoridad sobre toda fuerza del enemigo.

IDENTIDAD

CIRCUNSTANCIA INJUSTA: alguien le maltrata.

Respuesta humana del alma
- Sus emociones responden con sentimientos de ira.
- Su voluntad reacciona con una conducta iracunda.

Respuesta física
- Su cuerpo experimenta tensión física, liberación de sustancias químicas negativas y otros problemas fisiológicos.
- El cuerpo se estresa, hay tensión en los músculos.

Respuesta espiritual
- Si la persona es controlada por un espíritu malo, produce una reacción negativa que motiva a la venganza o violencia.
- Si la persona está influenciada por el Espíritu Santo, se produce un sentimiento de compasión y perdón.

DOS PODERES

El más grande atributo de Dios para el hombre fue libre voluntad, Dios entregó el PODER de decisión al ser humano. De esta manera, Dios dio la más grande tarea al hombre, LA ADMINISTRACIÓN DE SU REINO EN LA TIERRA, y la proclamación de la salvación del ser humano a través de Jesucristo.

El hombre fue diseñado a perfección, entregándole PODER (voluntad) y AUTORIDAD para desenvolverse en la naturaleza divina que le fue entregada. El hombre al ser a la imagen de Dios, no solo tiene voluntad, sino autoridad. Siendo el hombre un ser tripartito, es formado espíritu, alma y cuerpo (1 Tesalonisenses 5.23), de tal forma que en cada área se desarrolla un trabajo específico.

La gran mayoría cree que hay dos poderes en la tierra. Todos concordamos que el primer poder es el de Dios, el Creador de todas las cosas sostiene en sí mismo toda la creación. La mayoría cree que Lucifer, el ángel caído, es el receptor del segundo poder. Nada hay más lejos de la verdad. Lucifér, Satanás, Diablo, fue destituido de su función en el cielo y le fue retirado todo el poder y autoridad que había recibido. ¡El hombre es el receptor del segundo poder!

El hombre siendo un ser tripartito y a la imagen de Dios, fue diseñado a perfección, entregándole PODER (voluntad) y AUTORIDAD para desenvolverse en la naturaleza que le fue entregada. Es aquí donde está el segundo poder, en la voluntad del hombre.

Debido a su rebelión, Dios le retiró toda autoridad (poder) al diablo, y sólo le dejó su voluntad. Por esto para desarrollar sus propósitos, el diablo tiene que trabajar con un poder prestado o robado. Los dos únicos poderes que el diablo puede usar, es el de Dios y el del hombre. Por supuesto, él no puede quitarle, ni robarle el poder a Dios, así que lo intenta con el hombre.

Exactamente esto sucedió en el Huerto del Edén, Satanás deseaba destruir la perfección de Dios, para lograrlo fue necesario quitarle el PODER al hombre y así desarrollar sus propósitos destructivos. Satanás siempre ha deseado destruir todo lo que Dios crea (Jeremías 50.11).

Para lograr destruir la heredad de Dios, siempre intentará usar la palabra de Dios en contra de los hijos de Dios. La Biblia dice: *Porque el que es vencido por alguno es hecho esclavo del que lo venció (2Pedro 2.19).* El enemigo usó esta verdad en contra de Adán. La serpiente fue usada por el diablo para provocar la caída de Eva, y ella a su vez provocar la caída de Adán, convirtiéndolo en esclavo con todas sus generaciones.

UN ESPACIO LLAMADO TIEMPO

El plan de Dios para el ser humano no ha cambiado. El Creador decidió poner a Adán y Eva como administradores de su reino en la Tierra. El pecado provocó que nuestros primeros padres fueran destituidos de su función, sin embargo, como un padre amoroso no dejaría a su creación perdida en manos de Satanás. Así que creó un espacio en la eternidad para restaurarle de una manera plena y ponerlo de nuevo en la administración de su reino (Efesios 1.9–10).

En la dispensación del cumplimiento de los tiempos. El término griego para dispensación es *oikonomía*, y se entiende como administración, mayordomía, comisión. La versión Traducción al Lenguaje Actual dice: *Dios nos mostró el plan que había mantenido en secreto, y que había decidido realizar por medio de Cristo. Cuando llegue el momento preciso, Dios completará su plan y reunirá todas las cosas, tanto en el cielo como en la tierra, y al frente de ellas pondrá como jefe a Cristo.* Por cuatro mil años el enemigo administró el reino de Dios, Jesús aparece como el Hijo de Dios para destruir la obra del diablo y reunir todas las cosas en él mismo y ser la cabeza de todas las cosas.

Dios usa este espacio en la eternidad llamado tiempo para restaurar todas las cosas y llevarlos a su estado original. ¡En todas las cosas incluye al ser humano! En el pecado, su identidad fue corrompida, y su propósito y destino distorsionados. Ahora la restauración está a nuestro alcance para llegar a recuperar nuestra verdadera identidad, retomar nuestro propósito y correr tras nuestro destino.

IDENTIDAD

Dispensaciones

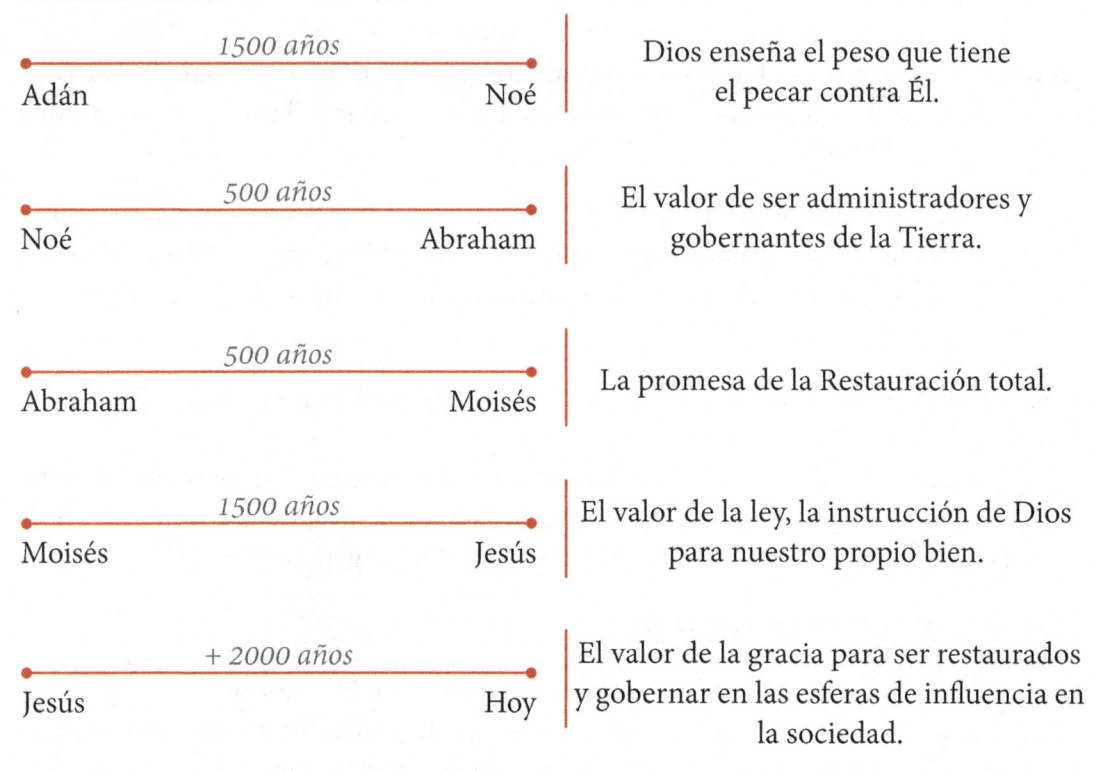

Adán —— 1500 años —— Noé	Dios enseña el peso que tiene el pecar contra Él.
Noé —— 500 años —— Abraham	El valor de ser administradores y gobernantes de la Tierra.
Abraham —— 500 años —— Moisés	La promesa de la Restauración total.
Moisés —— 1500 años —— Jesús	El valor de la ley, la instrucción de Dios para nuestro propio bien.
Jesús —— + 2000 años —— Hoy	El valor de la gracia para ser restaurados y gobernar en las esferas de influencia en la sociedad.

En este espacio llamado tiempo el ser humano está alcanzando las habilidades humanas y espirituales que perdió en el pecado de Adán y Eva. Dios nos entrega el segundo poder para actuar en contra de las fuerzas del mal, nuestro enemigo, el príncipe de la potestad del aire que intenta seguir teniendo dominio robando el poder que Dios le entrega al ser humano.

RESTAURACIÓN

Esta restauración tiene que ser llevada a todos los niveles. Dios restaura el espíritu del hombre cuando decidimos por nuestra propia voluntad recibir a Jesús como Señor y Salvador. El Señor dijo: *No contenderá mi espíritu con el hombre para siempre, porque ciertamente él es carne (Génesis 6.3).* En el momento del pecado, la carne y la naturaleza humana quedó gobernando sobre el espíritu y el alma. Al momento del nuevo nacimiento, el espíritu es liberado y restaurado para ocupar el lugar de autoridad según el diseño original de Dios.

El alma quedó contaminada en todas sus áreas, odios, resentimientos, deseos de venganza, todo aquello que está afectado tiene que ser santificado para Dios. Necesitamos una limpieza profunda para llevar a nuestra alma a la restauración plena.

El cuerpo reacciona tomando decisiones incorrectas de acuerdo al alma contaminada, así que hay que liberarle de todas las ataduras espirituales y malos hábitos que ha practicado como una herencia del pecado.

Esta restauración tiene un propósito: ¡Ser restaurados a la imagen de Cristo! (Romanos 8.29). Esta restauración es un proceso que suele no ser tan sencillo ni tan rápido. Pero el Espíritu Santo siempre estará con nosotros para ayudarnos cada día a ser como Jesús (2Corintios 3.18).

El Espíritu del Señor tiene la comisión de ayudarnos en esta restauración, nosotros necesitamos ser pacientes, esforzados, disciplinados, para lograr llegar más rápido a la meta en Cristo Jesús.

IDENTIDAD

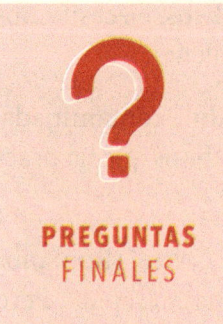

PREGUNTAS FINALES

1. ¿Explica la función del espíritu?

2. ¿Explica la función del alma?

3. ¿Explica la función del cuerpo?

4. ¿Cuál es la función que realiza el Espíritu Santo en nuestra restauración?

5. ¿Quién tiene el segundo poder y por qué?

SOMOS SERES ESPIRITUALES   LECCIÓN 2

APLICACIÓN

El profeta Jeremías deja claro el deseo de Dios para nosotros (Jeremías 15.19). Este versículo es muy poderoso y debemos ponerlo en práctica de inmediato.

Si te convirtieres, yo te restauraré. La conversión precede a la restauración, no podemos tener una restauración sino damos una vuelta en "U" a nuestra forma de vida. Nos hemos desviado de vivir de acuerdo a las instrucciones de nuestro Creador, pero ahora que sabemos el camino debemos esforzarnos por vivir apegados a la voluntad perfecta de Dios.

Y delante de mí estarás. Esta es la promesa en la restauración. La presencia de Dios en nuestra vida es una realidad y debemos esforzarnos por mantener una vida agradable delante de él.

Y si entresacares lo precioso de lo vil, serás como mi boca. Dios nos desafía hacer morir la carne y vivir en el espíritu. Recordando que el resultado será que Dios nos usará como instrumentos para llevar una palabra de salvación y restauración a las personas que están más cercanas a nosotros.

Conviértanse ellos a ti, y tú no te conviertas a ellos. Termina el pasaje con esta exhortación, somos la luz del mundo, la sal de la Tierra, nosotros estamos para ser la imagen de Jesús en la tierra, muchos vendrán a los pies de nuestro Salvador en el momento que somos instrumentos en sus manos.

ORACIÓN FINAL

Mi amado Jesús, ahora entiendo que estoy en un espacio llamado tiempo donde todos estamos siendo restaurados a la misma imagen de Jesús. Como seres espirituales necesitamos ser restaurados a nuestro estado original. Te suplico ayuda para esta restauración, voy a sacar lo precioso de lo vil, quiero ser tu boca para aquellos que necesitan salvación. Quiero ser un instrumento en tus manos, moldéame cada día a tu imagen. ¡En el poderoso nombre de Jesús!

LECCIÓN **3**

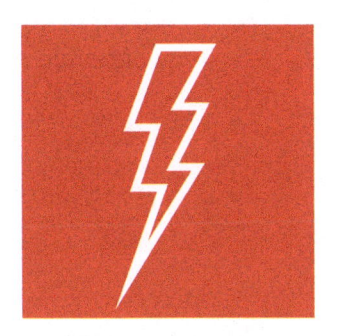

EL PODER QUE ACTÚA EN NOSOTROS

EFESIOS 3.20
Y a Aquel que es poderoso para hacer todas las cosas mucho más abundantemente de lo que pedimos o entendemos, según el poder que actúa en nosotros

IDENTIDAD

PREGUNTAS INTRODUCTORIAS

1. Qué significa la frase: ¿Somos templo del Espíritu Santo?

2. ¿Qué entiende por "la buena batalla de la fe"?

3. ¿Describa algún momento donde usted ha dependido de la fe para lograr algo en la vida?

4. ¿Cuáles son los obstáculos más comunes para vivir una vida de fe?

EL PODER QUE ACTÚA EN NOSOTROS | LECCIÓN 3

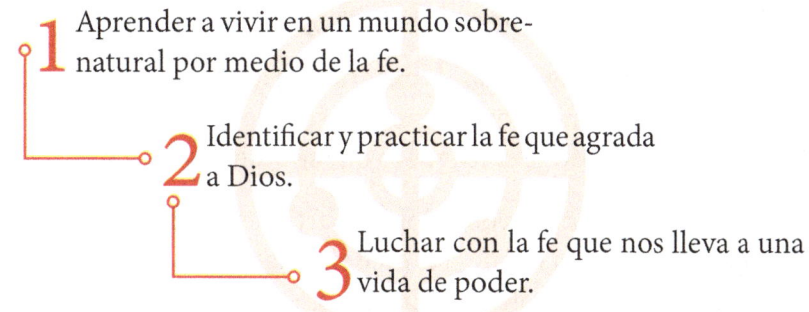

OBJETIVOS

1. Aprender a vivir en un mundo sobrenatural por medio de la fe.

2. Identificar y practicar la fe que agrada a Dios.

3. Luchar con la fe que nos lleva a una vida de poder.

DESARROLLO DEL TEMA

INTRODUCCIÓN

¿Cómo se define fe? La palabra griega para definir fe es *pistis*, que quiere decir, firme persuasión, convicción basada en lo oído (relacionado con *peitho*, persuadir). Se usa en el NT siempre de fe en Dios o en Cristo, o en cosas espirituales. Esta palabra se usa para denotar:

Convicción en el poder sobrenatural de Dios (1Corinitios 2.5).

Fiabilidad, seguridad en la intervención de Dios (Romanos 3.3).

Fundamento de nuestra seguridad (Hechos 6.7).

Certeza en lo que creemos (Gálatas 2.15-16).

Hace poco alguien dijo que el mundo necesita desesperadamente héroes. ¡En lo que respecta a la fe, abundan! En cada época, la iglesia los ha tenido y han sido debidamente honrados. Sin embargo, la historia más emocionante de héroes de la fe se encuentra en la carta del apóstol Pablo a los Hebreos. Al leer todo el capítulo 11, concluyendo con 12.1–2 nos daremos cuenta que son historias verdaderamente emocionantes. ¡Esto nos debe acelerar el ritmo cardíaco!

Notemos que aparecen juntos tanto quienes experimentaron gran victoria como los que vivieron su fe sin disfrutar jamás de una. Leamos...

•Hebreos 11.33–34•
¿Para qué los capacitó la fe?
¡Para conquistar!

•Hebreos 11.35–38•
¿Qué es lo que la fe les permitió hacer a estos héroes?
¡Perseguir una promesa! (1Juan 5.4)

43

IDENTIDAD

Una buena pregunta acerca de la fe es: ¿Cuándo es uno victorioso?

Nuestra sociedad sugiere que la experiencia de victoria sólo puede ser verdadera cuando tenemos *aquello* que se quiere *cuando* se quiere. Sin embargo, la Biblia nos enseña que ganamos no cuando se consigue lo que se quiere, sino ¡en el momento en que creemos!

¡Tú y yo somos más que vencedores a partir del momento en que ponemos nuestra fe en el Hijo de Dios, y en lo que nos dice su Palabra! En 1Juan 5.4, la palabra *vence* aparece dos veces, y victoria, sólo una. En ambos casos se traduce de la palabra griega *nike*. ¿No parece el nombre de un fabricante de calzado deportivo muy famoso? Por supuesto, ellos eligieron este nombre para identificar a su compañía, puesto que también es el nombre de la diosa de la victoria en la mitología griega. Pero la victoria militar o atlética, aquello a lo que se referían los griegos, y que se ocupa sólo de los objetivos humanos, es simplemente un mito.

Lo verdadero y fundamental es esto: Cuando depositas tu fe en el Hijo de Dios (cuando naces de nuevo) tu fe te transforma en un vencedor y te da una victoria que nadie te puede quitar. Es en el momento en que el Espíritu viene sobre nuestras vidas que el poder contenido en él mismo es depositado en nosotros para expresar su gloria a través de nosotros. Entonces entendemos que el poder que actúa en nosotros esta ligado a la práctica de la fe.

EL PODER QUE ACTÚA EN NOSOTROS   LECCIÓN 3

Use su Biblia para contestar cada pregunta.

CUADRO DE TRABAJO
Los héroes de la fe (Hebreos 11)

- ¿Cuál es el primer héroe de la fe que menciona este capítulo?

- ¿Qué es lo que hace por fe?

- ¿Qué hizo Noé por fe?

- ¿Qué nombre recibió Abraham como premio a su fe?

LA FE QUE AGRADA A DIOS

Pero sin fe es imposible agradar a Dios; porque es necesario que el que se acerca a Dios crea que le hay, y que es galardonador de los que le buscan (Hebreos 11.6). Según este pasaje, la fe que le interesa a Dios hace tres cosas.

La fe agradable

•**Busca a Dios**•
(Lucas 11.5–10).

El deseo del Señor es precisamente que creamos que le interesa lo que nos sucede, que no tengamos vergüenza en buscarlo insistentemente para algún asunto en especial (Lucas 11.8). La palabra importunidad se entiende "sin timidez", es decir, que tengamos la libertad de ir a él sin la limitante humana de "no soy digno", "no me lo merezco".

•**Cree que Dios existe**•
(Hebreos 11.6).

En teoría, para muchos de nosotros esto no es problema. Como cristiano, usted ha profesado fe en Dios por medio de Cristo. ¿Creemos que existe cuando atravesamos circunstancias difíciles?

IDENTIDAD

•*Cree que Dios da recompensa*•
(Efesios 3.20–21).

Galardonador es mucho más que una compensación, es más que el reembolso del valor de lo que se recibe. La fe cree que Dios provee una recompensa más allá de lo normal cuando lo buscamos con diligencia. Porque ¿cómo es posible agradar a Dios cuando creo que Él me da menos de lo que le pido?

El Espíritu de Dios vino a nuestras vidas en el momento que recibimos a Jesús en nuestro corazón, en ese instante, el poder de Dios actúa, opera, se manifiesta, en nosotros. Este poder actúa en el momento que operamos en la fe. No puede ser de otra manera, todo lo que hacemos y no proviene de la fe, la Biblia dice que es pecado. Nosotros nos movemos no con lo que vemos sino con lo que no vemos, esto es, bajo la convicción de que Dios está haciendo algo poderoso en nosotros.

SEIS CARACTERÍSTICAS DE LA FE

Hebreos 11.13–16 enumera seis características extraordinarias de fe. Si memorizamos esta declaración de la fe, seremos edificados y el poder que actúa en nosotros será expresado en muchas áreas de nuestra vida cotidiana.

1 Es segura. (Romanos 8.38-39, Filipenses 1.6, 2Timoteo 1.12).

La palabra griega es *peitho*, que significa que alguien ha participado de un debate donde han tenido expresión todas las ideas relevantes al tema en cuestión. Luego, habiendo considerado el mérito de todas las posiciones expuestas, se toma una decisión basada en toda la evidencia y en la convicción interna. Cuando esto ocurre, usted está convencido.

2 Se aferra. (Promesas).

Esta palabra (griego *aspadzomai*) se utiliza con mayor frecuencia al principio de las epístolas, cuando el apóstol instruye a los creyentes a saludarse unos a otros, puede significar envolver a alguien en sus brazos o dar la bienvenida. Así como la seguridad de la fe viene de considerar las promesas y ser convencido por ellas, *abrazarlas* significa aferrarte o asegurarte.

¿Qué palabras bíblicas de fe has incorporado a tu vida como tus amigas?

3 Confiesa. (Lucas 12.8).

La palabra griega *homologeo* significa dar consentimiento, compromiso o reconocimiento.

Significa estar en la misma sintonía. ¿Qué debería usted confesar en su situación presente? Enfoquémoslo desde un punto de vista negativo: ¿Qué es lo que no debería confesar? (Mateo 12.34-b).

¿Cuál es la condición de nuestro corazón con respecto a las promesas de Dios?

4 Declara con claridad. (Hebreos 11.13-16).

La declaración presente viene más como una manifestación de una decisión de por vida que usted ha efectuado y que es evidente para todos. La palabra griega que se traduce como manifestar es *emphanidzo*, se usa para describir la manifestación de la vida, lo que otros pueden ver claramente por el estilo de vida y diálogo.

¿Qué dice nuestra vida a las personas que nos rodean?

5 Evoca. (Hebreos 13.13, Filipenses 4.8-9, Lucas 21.19, Salmos 119.11).

Casi siempre que se utiliza esta palabra, se traduce *recordar*. También implica controlar lo que usted piensa al hablar de lo que quiere recordar. Una de las prácticas de la vida de la fe es memorizar la Palabra de Dios. Repita las promesas. Invóquelas en su mente. *Vocalícelas*. Si usted tiene alguna dificultad con sus pensamientos.

¿Qué hemos estado invocando en nuestra mente?

6 Anhela. (Hebreos 11.16).

La palabra griega *oregamai* significa una decisión interna para alcanzar un objetivo, estirarse uno mismo en una posición de vulnerabilidad, como si dijera: Esto es lo que quiero hacer con mi vida. En forma negativa, se usa para describir a alguien que codicia un objeto que aún no posee. En tono positivo, usted utilizaría esta palabra en la siguiente frase: Este es el anhelo (deseo) de mi vida.

¿Cuál es el anhelo de su vida?

He aquí las personas de quienes Dios dice que «no se avergüenza de llamarse Dios de ellos». La conclusión lógica es que a veces, ¡Dios está avergonzado! ¿Cuándo ocurre esto? Cuando nuestra fe trata de apropiarse de la bondad de Dios sólo para esta vida, olvidando que su plan es eterno.

IDENTIDAD

Explique cada frase con una corta declaración.

CUADRO DE TRABAJO
Lea Hebreos 11.33-34.

Subyugaron reinos:

Obraron justicia:

Obtuvieron promesas:

Detuvieron las bocas de leones:

Apagaron la violencia del fuego:

Escaparon al filo de la espada:

Se fortalecieron en la debilidad:

Se volvieron valientes en la batalla:

Provocaron la huida de los ejércitos extranjeros:

LA FE ACTIVA EL PODER QUE ACTÚA EN NOSOTROS

Existen varios incidentes de la vida del Señor Jesús que ilustran la importancia de la operación del poder que actúa en nosotros. Lea Marcos 4.35–41.

Partiendo de esta historia de la tormenta, podemos formular las siguientes preguntas:

¿Qué dijo Jesús a los discípulos para iniciarlos en la travesía?

¿Qué hacía Jesús cuando llegó la tormenta?

¿Qué le sugiere esto a usted?

¿Cómo confrontó Jesús a la tormenta?

Los discípulos escucharon a Jesús hablar a la tormenta. ¿Qué oyeron cuando se dirigió a ellos?

Es notable ver que Jesús reprendió tanto a la tormenta como a los discípulos. Aunque calmó la tormenta externa, esperaba que ellos confrontaran la tormenta interna.

Si usted lee los relatos de los evangelios, le sorprenderá ver cuán a menudo Jesús ejerce control sobre los eventos climatológicos y sobre los espíritus demoníacos; sin embargo, casi nunca lo verá ejerciendo control sobre los discípulos.

IDENTIDAD

Sólo Jesús podía reprender a la tormenta en el mar de Galilea. Sólo ellos podían reprender a la tormenta de temor y dudas que estaban sintiendo. Cuando pregunta: *¿Cómo no tenéis fe?* Estaba sugiriendo que era posible tener fe; que se necesitaba una decisión. Ellos podrían haber elegido creer en vez de ceder a las dudas y temores. ¡Esto sucede con nosotros también!

En su sabiduría, Dios nos ha hecho responsables a ti y a mí de los asuntos de fe. Sólo nosotros podemos controlar nuestras dudas y temores. Utilice una concordancia para ver cuántas veces aparece en la Biblia la expresión *no temáis* y te darás cuenta que es una expresión usada continuamente por la condición humana que vivimos.

El consejo no aparecería si no fuera necesario. Si Jesús dice: *No temáis,* ¡para nosotros debe ser posible recibir el dominio sobre el temor!

Pues no habéis recibido el espíritu de esclavitud para estar otra vez en temor, sino que habéis recibido el espíritu de adopción, por el cual clamamos: ¡Abba, Padre! (Romanos 8.15). En este pasaje se usa la palabra griega *Phobia, phobos,* que significa alarma o consternación, tener temor, en exceso, terror, de donde se deriva *phebomai* (estar atemorizado).

Pablo asocia este terror con el espíritu de esclavitud y dice que no hemos recibido ese espíritu. Hemos recibido el Espíritu Santo que es llamado el **espíritu de adopción.** Él nos llevará a clamar: *¡Abba, Padre!,* un término amoroso utilizado por los que se saben incluidos en la familia de Dios (2Timoteo 1.7).

En este pasaje se usa la palabra griega *deilia,* que denota timidez o temor. Cuando Pablo confronta la timidez de Timoteo, le recuerda lo que el Espíritu Santo le ha dado poder, amor y dominio propio. Usted puede decidirse a creer. También puede elegir el pánico, dejando lugar a las dudas y a los temores. Pero la decisión es suya.

Usando la metáfora de la historia de Marcos 4, si el Señor Jesús dice: *Pasemos al otro lado,* se puede asumir correctamente que usted también llegará a la meta. La pregunta entonces se vuelve para nosotros, ¿qué Dios nos está diciendo? ¿Avanzamos o nos quedamos dónde estamos?

Jesús formula la pregunta: ¿Crees esto? Es la motivación de operar en la fe para que el poder que actúa en nosotros sea manifestado. En cada caso vemos cómo Jesús exige la decisión de fe. Lo que Jesús esta sencillamente esperando es nuestra aceptación de su promesa: Su Palabra. ¡El poder es suyo, la promesa nos la dio a nosotros!

EL PODER QUE ACTÚA EN NOSOTROS   LECCIÓN 3

En las siguientes declaraciones completa cada pasaje.

Mateo 9.28-30: Y llegado a la casa, vinieron a Él los ciegos; y Jesús les dijo: ¿Creéis que puedo hacer esto? Ellos dijeron: Sí, Señor.

Juan 1.50-51: Respondió Jesús y le dijo: ¿Porque te dije: Te vi debajo de la higuera, ¿crees? Cosas mayores que estas verás.

Juan 9.35-37: Oyó Jesús que le habían expulsado; y hallándole, le dijo: ¿Crees tú en el Hijo de Dios?

Juan 11.26-27: Y todo aquel que vive y cree en mí, no morirá eternamente. ¿Crees esto?

LA FE Y LA PROSPERIDAD

Para asegurar una perspectiva sana del tema de la fe y la prosperidad, que tan a menudo se distorsiona, establezcamos tres conceptos primarios.

•La *prosperidad* se vincula con el ***propósito***•
(Filipenses 4.19).

Dios pretende que seamos instrumentos de recursos. La conexión entre las ofrendas responsables y el propósito de la bendición de Dios es clara, cuando leemos esta promesa en su contexto.

IDENTIDAD

• La *bendición* está relacionada con el *carácter* de Dios y el del hombre•
(Filipenses 4.11-13).

La prosperidad no está prometida como una medicina para la disconformidad, por que esta no determina el nivel de satisfacción. Este hecho de carácter se resuelve con lo que uno posee en el interior, no en el exterior. A partir de este contexto, se ve claramente que la fortaleza que viene del Señor Jesús, surge de estar satisfecho a pesar de la presencia o ausencia de abundancia.

• El *éxito* está relacionado con el *programa* de Dios y no con nuestros deseos•
(3Juan 2).

La Biblia tiene tanto promesas de prosperidad como advertencias acerca de la prosperidad. ¿Por qué? Porque el Señor conoce los corazones. La humanidad caída y hasta los redimidos del Señor son fácil presa de los patrones de pensamiento acerca de la prosperidad que se inclinan hacia la codicia y la avaricia. La fe se emplea erróneamente cuando el motivo es la codicia y cuando la prosperidad se convierte en la condición sobre la cual la fundamentamos. ¡En ese momento, la prosperidad se convierte en una maldición!

En este pasaje (3Juan 2), se usa la palabra griega *Euodoo*, que significa bueno y camino. Por lo tanto, denota éxito en alcanzar un objetivo, ya sea en un viaje o en el negocio.

Juan se asegura que el concepto de prosperidad sea integral. Él enlaza la condición del ser interior con los aspectos externos de la vida. Según su forma de pensar, sería inútil orar para alcanzar una meta si uno no está bien internamente. Digamos esta oración de otro modo: **Deseo que puedas llegar a donde quieres ir en tu exterior mientras en tu interior vayas a donde Dios quiere.**

Nunca se apartará de tu boca este libro de la ley, sino que de día y de noche meditarás en él, para que guardes y hagas conforme a todo lo que en él está escrito; porque entonces harás prosperar tu camino, y todo te saldrá bien (Josué 1.8). La palabra hebrea para prosperidad es *tsalach*, que significa empujar, en varios sentidos; abrirse, avanzar, lucro. Estas palabras expresadas a Josué justo antes de guiar a los hijos de Israel a la Tierra Prometida subrayan la importancia de la Palabra de Dios en lo que a fe y prosperidad se refiere.

Tsalach (próspero) tiene una connotación de fuerza. De hecho, esta palabra a menudo se asocia en el Antiguo Testamento con el advenimiento del Espíritu Santo sobre una persona (véase Jueces 14.6 y 19 acerca de Sansón). Debería haber una irrupción del poder de Dios para asistir a Josué y posibilitar la ocupación de la tierra prometida.

EL PODER QUE ACTÚA EN NOSOTROS LECCIÓN 3

La palabra que a veces se traduce como prosperidad, se utiliza también para describir la forma en que Dios descendió poderosamente sobre Sansón durante varios actos de fuerza y potencia. Es como si el Señor le dijera a Josué: *Yo vendré poderosamente sobre ti y tu pueblo para tomar esta tierra, si....* Entonces, a continuación, el despliegue de poder asociado con la prosperidad tenía como condición hablar, meditar y observar la ley de Dios o la Palabra del Señor.

Esto es igualmente cierto hoy. El poder de Dios fluye con plenitud a través de las vidas de quienes están dispuestos a obedecer, a llenar sus mentes y a dar sus vidas en obediencia a la Palabra del Señor.

¿Podemos ver la conexión entre las condiciones de la prosperidad y la fe?

¿Tiene lógica el hecho de que ninguna de estas condiciones es posible sin fe?

¿Sin fe, podría Josué hablar la Palabra del Señor al enfrentarse con todos los obstáculos que tendría al guiar a Israel a la Tierra Prometida?

¿No se necesita una fe viva para llenar la mente de la Palabra de Dios, en vez de dejar que se llene de los desafíos de la conquista?

Por eso Dios dijo a Josué varias veces: *Sé valiente* (véase Josué 1.6-7, 9).

Lea cada versículo Bíblico y describa la condición para la prosperidad:

Deuteronomio 29.9	
1Reyes 2.3	
2Crónicas 20.20–22	
2Crónicas 24.20	
2Crónicas 26.5	
Salmos 1.1–3	
Proverbios 28.13	
Isaías 55.11	

IDENTIDAD

PREGUNTAS FINALES

1. Explique con sus propias palabras FE:

2. ¿En qué áreas de su vida está peleando la buena batalla? Escriba las seis características de la FE:

1-

2-

3-

4-

5-

6-

3. Escriba los tres conceptos primarios que relacionan la FE con la prosperidad:

1-

2-

3-

APLICACIÓN

Como hemos podido ver, la FE tiene que ser puesta en práctica en toda nuestra manera de vivir. Dios desea que seamos prosperados en todas las cosas. Como hijos de un Dios que nos da en abundancia, debemos aprender a vivir en lo sobrenatural, estando seguros que recibiremos lo que él tiene preparado para nosotros.

El poder que actúa en nosotros depende de la operación de la fe activa en nosotros. Este es un ejercicio continuo, es nuestra forma de vivir, nuestras acciones es nuestra cultura, como hemos determinado caminar en este mundo. Seremos ejemplos vivos de Dios en la manera en que practicamos la cultura divina en esta tierra.

ORACIÓN

Señor Jesús doy gracias por esta lección que ha dado a mi vida la oportunidad de aprender a depender de ti, ya que sin Fe no puedo acercarme a ti y tampoco puedo obtener tu aprobación, confieso que muchas veces la duda me lleva a desconfiar de tu poder, solo te pido Padre en el nombre de tu Hijo que aumentes cada día mi fe, cada paso que de, ayúdame a descansar en tí…Quiero tener seguridad de que tu me acompañas todos los días hasta el fin de la misma, a pesar de los problemas o circunstancias que viva quiero aferrarme a ti, pon tus palabras en mi boca para confesar bendición en vez de maldición, victoria en vez de derrota, por medio de tu palabra y por fe se que podré desarrollar dominio propio…anhelo cada día ser como tu…Te doy gracias por hacer de mí tu hijo y adoptarme, hoy creo en ti y mañana mi alma creerá en ti…Amén.

Nota: Este tema fue tomado del libro: *Fe poderosa* Por Roy Hicks, Jr., con Jack W. Hayford, editor General. Editorial CARIBE.

LECCIÓN 4

LA
EKKLESIA

MATEO 16.18
Y yo también te digo, que tú eres Pedro,
y sobre esta roca edificaré mi iglesia;
y las puertas del Hades no prevalecerán contra ella.

HECHOS 11.22
Llegó la noticia de estas cosas a oídos de la iglesia
que estaba en Jerusalén; y enviaron a Bernabé
que fuese hasta Antioquía.

HECHOS 13.1
Había entonces en la iglesia que estaba en
Antioquía, profetas y maestros.

IDENTIDAD

PREGUNTAS INTRODUCTORIAS

1. ¿Quién es la roca de la que está hablando nuestro señor Jesucristo?

2. ¿Qué entiende por la frase: ¿Las puertas del Hades no prevalecerán contra ella?

3. ¿Para usted, cuál es la iglesia de Dios de la que habla el apóstol Pablo?

LA EKKLESIA — LECCIÓN 4

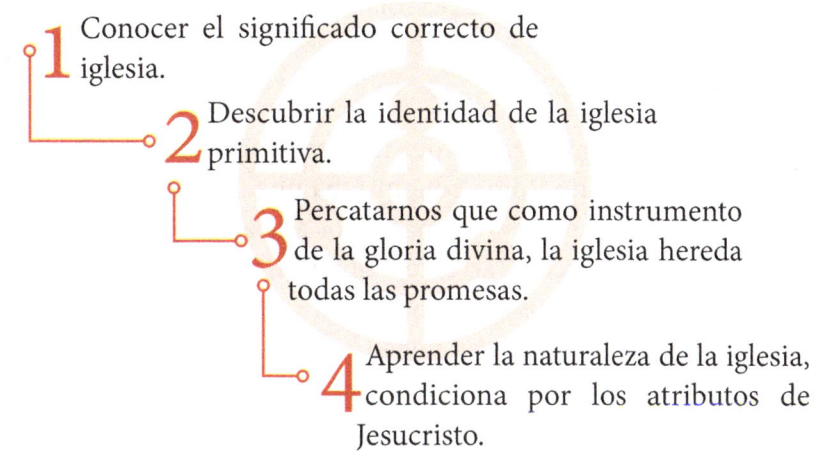

OBJETIVOS

1. Conocer el significado correcto de iglesia.
2. Descubrir la identidad de la iglesia primitiva.
3. Percatarnos que como instrumento de la gloria divina, la iglesia hereda todas las promesas.
4. Aprender la naturaleza de la iglesia, condiciona por los atributos de Jesucristo.

DESARROLLO

Jesús se refirió solo en dos ocasiones a la iglesia (Mateo 16.18, Mateo 18.17).

La palabra iglesia se deriva del sustantivo griego *ekklesia* (de *ek-kaleo*) que significa llamar fuera. Se usaba entre los griegos de un cuerpo de ciudadanos reunido para considerar asuntos de estado (Hechos 19.39). De otra manera se entiende como una asamblea pública, generalmente de orden político (de *polis* que significa ciudad), convocada por un heraldo (vocero) oficial.

También se usa la palabra griega *kuriakos*, que significa: "lo que pertenece al Señor". Conjugando las dos descripciones griegas de iglesia concluimos que "iglesia es una asamblea de llamados que pertenecen a Dios".

La Biblia *Septuaginta* traduce la palabra hebrea *qajal* que designa la congregación de Israel, una comunidad teocrática convocada desde el cautiverio para adorar y servir a Jehová y demostrar su señorío en medio de los pueblos (Números 10.7, 1Reyes 8.14, Salmos 22.22).

Tiene dos términos aplicables al cristianismo:

- Los redimidos a través de la historia → (Mateo 16.18) (Efesios 1.22–23)
- La Iglesia en la época actual → (1Corinitios 1.2)

IDENTIDAD

Concluimos que la iglesia no es solamente un edificio, sino más bien todos los que son salvos y sirven a Dios. Así que creyentes de todo el mundo forman parte de esta gran familia de Dios.

Ekklesia es un término griego que fue usado por los romanos en la expansión territorial de su reino. Cuando Roma conquistaba una nación o una ciudad, formaba un comité, grupo, equipo, que era formado por ancianos romanos que conocían muy bien la cultura de Roma, dichos, arte, constitución, y eran comisionados para ir a culturizarla. Este grupo de ancianos era dirigido por un comandante conocido como apóstol, que se define como "aquel que es enviado con un propósito", su función era ser un comandante porque iba al frente, de almirante porque daba dirección, legislador porque hacía cumplir las leyes de Roma, culturizador porque impartía la cultura romana, embajador porque representaba al emperador, general porque estaba al frente del ejército que dominaba el lugar.

Así que la función de la *Ekklesia* no estaba confinada solamente a estar en un templo de cuatro paredes, sino de manifestar la autoridad conferida por el emperador romano. Jesús dijo: *Sobre esta roca edificaré mi iglesia (Mateo 16.18),* dando por entendido que las funciones serían semejantes a las que hacía el grupo romano en cuestión. Impartimos justicia como legisladores del cielo en la tierra, somos embajadores de Dios en este mundo, traemos la cultura del cielo a la tierra, cumplimos las leyes de nuestra constitución celestial (La Biblia), y formamos parte del gran ejército de Dios en la tierra.

UN EMOCIONANTE NACIMIENTO

¿Dónde inicia esta iglesia poderosa? Un evento extraordinario cincuenta días después de las fiestas dónde fue crucificado nuestro amado Salvador, marca el inicio de una iglesia sin límites, poderosa, digna representante del Hijo de Dios.

En las fiestas del Pentecostés, el Espíritu Santo es derramado sobre 120 creyentes que esperaban este gran advenimiento (Hechos 1.8). Este poder fue anunciado por:

Joel	Juan el Bautista	Jesucristo
(Joel 2.28)	(Mateo 3.11)	(Lucas 24.49)

La iglesia poderosa, digna representante del Unigénito del Padre (Filipenses 1.27).

La oración del apóstol era que sus discípulos de Colosas estuvieran a la altura de ser verdaderos y dignos representantes de Dios en la tierra (Colosenses 1.10-11).

Su nacimiento glorioso fue inmediatamente conocido por los moradores de Jerusalén que sin entender lo que estaba ocurriendo, corrieron al aposento donde se encontraban orando un grupo de 120 personas que estaban recibiendo la investidura celestial para ser parte de esta gran familia de Cristo (Hechos 2.7-12).

IDENTIDAD DE LA IGLESIA

La identidad de la iglesia en el Nuevo Testamento es al mismo tiempo un movimiento histórico y un testimonio a la humanidad. Es, nada mas ni nada menos, que la representación de Dios mismo en la tierra. Es una congregación que se presenta al mismo tiempo como santa y pecadora. Esta reunión de personas se mantiene en una constante dinámica, proyectando su realidad histórica, presentando al mundo su presencia como señal del Reino, creciendo, madurando, siendo formada a la misma imagen de Jesús, luchando cada día para cumplir su propósito en la tierra.

Esta reunión de creyentes no tiene prejuicios en cuanto a los lugares a reunirse: Se encuentra en una casa (Romanos 16.5). Usa los templos: *Y todos los días, en el templo y por las casas, no cesaban de enseñar y predicar a Jesucristo (Hechos 5.42).*

Como instrumento de la gloria divina, la iglesia hereda todas las promesas, participa en la destrucción de las obras de Satanás y es portadora de la vida eterna. Esta iglesia es preparada para manifestar el poder de Dios al mundo (Hechos 1.8).

El mundo identificaría a este grupo de creyentes en Jesús por el testimonio de Dios a través de sus propias vidas (Hebreos 2.4).

Dios hace un llamado especial a su iglesia, su vocación esta direccionada a un comportamiento muy claro, esta debería ser la verdadera cara de esta iglesia (Efesios 4.1–6).

¿Que pide Dios a la iglesia?

- Humildad y mansedumbre.
- Soportarse con paciencia unos a otros en amor.
- Guardar la unidad del Espíritu en el vínculo de la paz.

Es muy claro el llamado en la forma de vida de la iglesia, esta nueva cultura es el testimonio más grande que Dios envió a su Hijo (Juan 17.22-23).

IDENTIDAD

¡Es un edificio espiritual!

El apóstol Pablo lo simboliza como un edificio, dónde todas las partes están bien coordinadas para lograr una gran familia santa que agrada al Señor en todo (Efesios 2.19-20).

Dios hace un llamado claro a la iglesia para vivir una vida de santidad y pureza (Efesios 4.22-24).

Pablo, con frecuencia llama SANTOS a los cristianos: (Colosenses 1.2; Filipenses 1.1; Efesios 4.13

Relaciona las columnas con la respuesta correcta.

CUADRO DE TRABAJO
La autoridad delegada a la Ekklesia

1.	Para proclamar el evangelio.	Hechos 15.28
2.	Para celebrar los sacramentos.	Hechos 5.1–11
3.	Para exponer la verdad.	1Corinitios 6.16
4.	Para denunciar el pecado.	Mateo 28.18–20
5.	Para confrontar los poderes malignos.	1Corinitios 11.17-34
6.	Para levantar a los caídos.	Hechos 3.1–11
7.	Para disciplinar a los errados.	Colosenses 3.12

La misión de la iglesia en el mundo, por decirlo así, esta para hacer las veces de Cristo, extendiendo su ministerio en este mundo hasta que Él venga a arrebatarla en su Segunda Venida. La simple presencia de la iglesia, en la cual mora el Espíritu Santo (2Corinitios 6.16), refrena el mal en el mundo, a la vez que da testimonio de la justicia y el amor de Dios.

Su misión es predicar el evangelio de Cristo en toda su plenitud y con todas sus implicaciones personales y sociales (Mateo 28.18–20; Hechos 1.8), reflejando así la vida de Cristo y el Reino de Dios.

ILUSTRACIONES DE LA IGLESIA

La Biblia usa varias ilustraciones para describir la iglesia.

La iglesia es el cuerpo de Cristo. Este cuerpo esta formado por todo aquel que ha recibido a Cristo como salvador personal y Señor de su vida (Efesios 1.22-23).

Jesucristo es la cabeza del Cuerpo, todos los creyentes, trabajando en armonía, forman el cuerpo (Efesios 4.15-16).

¿Quiénes pertenecen al cuerpo de Cristo? (Juan 1.12, 1Pedro 1.23).

La iglesia es templo de Dios. Dios mandó a Moisés edificar un templo en el desierto donde Él habitaría en medio de su pueblo (1Corinitios 3.16). Así como Dios habitaba en un tabernáculo de telas y madera en el desierto, habita hoy en templos de barro, que es cada creyente que vive su palabra cada día.

La iglesia es la novia y la esposa de Cristo. A menudo la Biblia se refiere a la iglesia como la novia de Cristo. Jesús se simbolizó así mismo como el novio en Mateo 9.14-15. El Espíritu Santo presentará la novia a Jesucristo. El apóstol Juan habló de la gran cena de las bodas del Cordero cuando la iglesia este unida a Cristo (Apocalipsis 19.7-8). También algunas escrituras hablan de la iglesia como su esposa (Apocalipsis 19.7; 21.9; 22.17). En ningún momento se contradice la Escritura.

La iglesia es la expresión misma de Dios en la tierra. Dios se expresa a todo ser humano y a su creación por medio de su iglesia. Cuando Jesús viene a nuestro corazón nos convertimos en administradores del reino de Dios en la tierra, de tal manera que se expresa por medio de nosotros al mundo (Colosenses 1.27).

Es muy importante entender que manifestamos lo que somos y tenemos (Juan 17.22). Esta gloria que esta en nosotros es expresada al mundo de muchas maneras manifestando con esto la naturaleza de Dios (Romanos 8.19).

IDENTIDAD

GOBIERNO DE LA IGLESIA

Por lo visto no le plació a Cristo, su fundador, ni al Espíritu Santo, proporcionar a la iglesia alguna forma explícita o rígida de gobierno u organización universal que fuera aplicable a todos los caso.

| Hechos 2.44; 4.32 | Distingue entre el ministerio de la Palabra y el ministerio de las mesas. |

| Hechos 6.2-4; Romanos 12.6–8; 1Corinitios 12.28 | Hace distinción entre los diversos dones y la ejecución de los ministerios. |

Sin embargo, ni Pablo ni los demás apóstoles dejaron una pauta clara o rígida para la estructura gubernamental de la iglesia. Se prefirió más bien destacar su carácter dinámico, sobrenatural y de servicio. Aunque no podemos señalar una estructura organizacional bíblica, en la práctica, el fin es común: La administración del reino de Dios en la tierra.

Toda organización debe reconocer la existencia de los cinco dones-hombre que el mismo Señor Jesucristo constituyó para que su cuerpo sea edificado, formado y discipulado para hacer la obra en la tierra (Efesios 4.11-13). ¡Mientras que no lleguemos a la perfección necesitamos seguir siendo enseñados, instruidos, perfeccionados, por lo que estos dones-hombre seguirán vigentes en el cuerpo de Cristo!

Aunque las estructuras administrativas son diversas, debe quedar claro que Dios no ha dado un gobierno vertical sino horizontal para la iglesia, ya que son creadas para el crecimiento, servicio y edificación de los santos, para llegar a la estatura del varón perfecto que es Cristo.

Gobierno Vertical	Gobierno Horizontal
•Autoritarismo	Honra•
•Prepotencia	Respeto•
•Dominio Humano	Tolerancia•
	Amor•

Esto quiere decir que ninguno de los ministerios, dones, (Efesios 4) están por encima de otro, de hecho, todos son considerados como oficios que sirven al cuerpo de Cristo.

Relacione las columnas con la respuesta correcta.

CUADRO DE TRABAJO
Conociendo las VIRTUDES o capacidades de la Ekklesia de Cristo

1. Somos administradores de los misterios de Dios.

2. Dios se manifiesta a sí mismo a través de nosotros.

3. Hacemos las obras de Cristo y aún mayores.

4. Dios respalda nuestra predicación con señales.

5. Tenemos la plenitud de Cristo para manifestar su gloria.

6. La potencia de él que actúa poderosamente en nosotros.

7. Los demonios reconocen nuestra autoridad y le temen.

Juan 14.12

Hechos 19.13–17

1 Corintios 4.1

Colosenses 3.4

Colosenses 1.29

Efesios 1.23

Marcos 16.20

LA *EKKLESIA* COMISIONADA

Jesús dio instrucciones a sus discípulos (Lucas 24.49). En solo dos pasajes de la Biblia se menciona la palabra "investir", la primera se encuentra en 1 Samuel 11.15. Ambos pasajes tienen que ver con el posicionamiento de una persona en un lugar de autoridad.

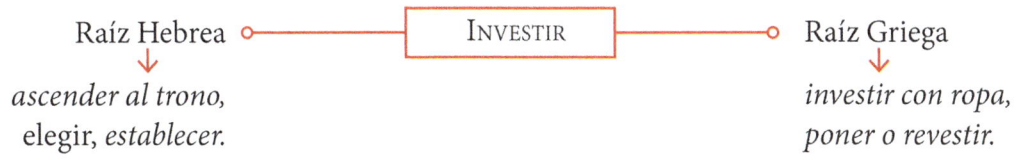

Raíz Hebrea	INVESTIR	Raíz Griega
↓		↓
ascender al trono, elegir, establecer.		*investir con ropa, poner o revestir.*

En la actualidad cuando una persona es elegida como gobernante, regularmente se le pone una banda en el pecho con los colores de la nación confiriendo con esto todos los poderes de un presidente, gobernador o rey. En el momento que se le pone esa banda,

IDENTIDAD

el pueblo le esta asignando para que gobierne la nación o la región donde fue elegido.

Cuando Jesús les dice a los discípulos que esperen para ser investidos, estaba diciendo que la *Ekklesia* sería comisionada a gobernar en la tierra. Dios pone esa banda sobre sus hijos y son establecidos con la autoridad delegada para manifestar el poder del reino en cualquier esfera social donde se encuentren.

Jesús declaró: *Toda potestad me es dada en el cielo y en la tierra (Mateo 28.18),* expresando que el Padre le confirió la capacidad, control, dominio, competencia, jurisdicción y derecho de gobernar sobre todas las cosas. La palabra griega que se usa para potestad es *exousía* y se define como autoridad plena.

Jesús recibe la *exousía* sobre la tierra y nosotros somos sus colaboradores (1Corintios 3.9), para cumplir con este propósito. Ahora somos comisionados a cumplir un propósito claro y preciso en sus planes, tenemos destino en la tierra para que nuestra vida tenga sentido en todo lo que hacemos.

LA EKKLESIA — LECCIÓN 4

PREGUNTAS
FINALES

1. Explique con sus propias palabras "iglesia".

2. ¿Qué entiende por la declaración de Efesios 4.13?

3. Escriba las ilustraciones de la Biblia para describir la iglesia:

1-

2-

3-

4-

4. Escriba los cinco ministerios que Cristo instituyó para la edificación de la iglesia:

1-

2-

3-

4-

5-

IDENTIDAD

APLICACIÓN

La iglesia debe de representar dignamente a nuestro Señor Jesucristo. Es una gran responsabilidad llamarnos cristianos o hijos de Dios. Este nombre va más allá de un simple nombramiento o de un título.

El título de cristiano se usó por primera vez en Antioquía (Hechos 11.26).

Recibieron este título debido a la semejanza en la forma de vida con Cristo. Estos discípulos supieron llevar con dignidad el nombre de cristiano, y adoptaron una forma de vida, una cultura, que cualquiera podía observar que verdaderamente eran seguidores de Cristo. La pregunta es: ¿Lo estamos haciendo nosotros el día de hoy?

ORACIÓN

Hoy me doy cuenta del valor que tengo ante tus ojos, tu obra en la cruz me revela tu inmenso amor, no dudo de ti mi Señor, hoy más que nunca me siento parte de tu cuerpo, gracias por redimirme con tu sangre preciosa, gracias por recatarme del pecado y posicionarme en ti, gracias por que me has dado una familia en el que tú eres la cabeza, me siento agradecido por llenarme con tu Espíritu, y darme la seguridad de que nada y nadie me podrá hacer frente, Tu lo declaraste y eso me da seguridad: Las Puertas del Infierno no prevalecerán contra mi…Gracias mi Señor y Dios…Amén.

LECCIÓN **5**

EL PECADO Y SUS CONSECUENCIAS

1 JUAN 3.8
El que practica el pecado es del diablo;
porque el diablo peca desde el principio.

JUAN 1.12
Mas a todos los que le recibieron,
a los que creen en su nombre,
les dio potestad de ser hechos hijos de Dios

IDENTIDAD

PREGUNTAS INTRODUCTORIAS

1. ¿Qué entiendes por pecado?

2. ¿Cuál fue el primer pecado que se cometió?

3. ¿Cuál fue el medio por el cual Satanás hizo caer a Adán?

EL PECADO Y SUS CONSECUENCIAS — LECCIÓN 5

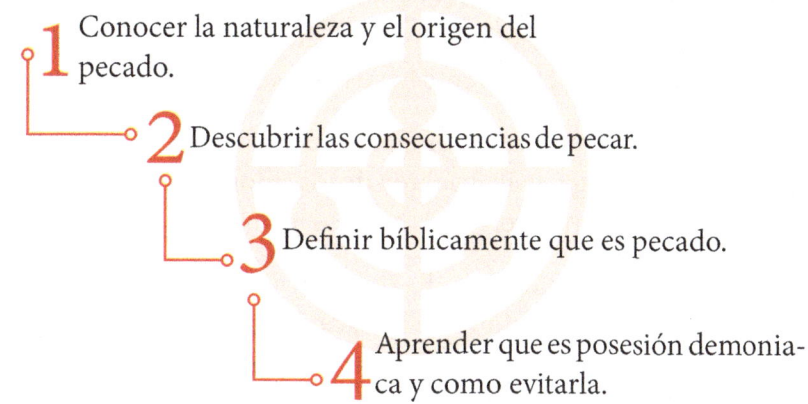

OBJETIVOS

1. Conocer la naturaleza y el origen del pecado.
2. Descubrir las consecuencias de pecar.
3. Definir bíblicamente que es pecado.
4. Aprender que es posesión demoniaca y como evitarla.

DESARROLLO

¿PUEDE UN CRISTIANO SER POSEÍDO?

La respuesta es que… ¡Tiene que ser poseído!

Esta pregunta normalmente causa discusiones y puntos de vistas extremos entre los creyentes. La palabra poseído está asociada con pertenencia. De esta manera, toda persona que recibe a Cristo en su corazón como salvador personal, le pertenece a Dios, es poseído por Dios.

Todo aquel que practica el pecado, le pertenece al diablo. Según Juan 1.12, hay quienes llegar a ser hechos hijos de Dios. Es decir, creyentes y no creyentes son poseídos, unos por el diablo, otros por Cristo.

¿Puede un creyente ser influenciado, perturbado, atormentado o estar bajo el control del diablo? ¡Definitivamente SI, porque el mundo entero está bajo (control o influencia) del maligno! Esto quiere decir que cuando un creyente se "desliza", le estará dando autoridad al enemigo para mantener un control sobre su vida.

Lo podemos ejemplificar como un títere, el cual, mediante cuerdas atadas a las manos, pies, cuerpo, se puede mantener un control para "dirigirlo". Es por esta razón que cada creyente es responsable de guardar con temor y temblor su vida espiritual que ha recibido de parte de Dios de una manera gratuita. ¿Cómo un cristiano puede deslizarse? Son tres escalones en la caída de un creyente en las manos del diablo.

IDENTIDAD

Primeramente, las pequeñeces o las pequeñas ligerezas. La escritura habla de estas pequeñeces como liviandades o una manera ligera de vivir (Ezequiel 8.17b). Estas son pequeñas cosas que el creyente hace (1Reyes 16.31).

Porque le fue ligera cosa andar en los pecados de Jeroboam hijo de Nabat, y tomó por mujer a Jezabel, hija de Et-baal rey de los sidonios, y fue y sirvió a Baal, y lo adoró. Así juzgó Dios los hechos del rey Acab, ¡ligeros!

En segundo lugar, la dureza. La dureza viene cuando el creyente no solo es ligero en el caminar con Cristo, sino que lo hace de una manera continua y deja de escuchar la voz de Dios, el corazón se endurece como un diamante que nada le puede penetrar (Zacarías 7.11-12, Salmos 81.11-12).

La dureza separa al creyente de los caminos de Dios, no puede caminar en sus consejos, porque el corazón endurecido no escucha y sigue en sus propios pensamientos e ideas (Isaías 55.8-9).

En tercer lugar, la maldad. Cuando el corazón se endurece, es presa fácil de la maldad (1Corintios 5.8). La vieja levadura produce maldad en el corazón del hombre. Dios nos exige que tengamos una levadura de sinceridad y de verdad, lo que llevará al cristiano a mostrar las obras de Cristo.

Pablo continúa hablando de la maldad en los siguientes versículos (1Corintios 5.9-13).

Démonos cuenta que la maldad llevará a un mundo de perversidades, por lo cual, el apóstol Pablo recomienda que no se junten con este tipo de personas, e inclusive que lo saquen de la congregación (Efesios 4.18-19).

HIJO DE DIOS
Juan 1.12

↓

LIGEREZAS
Ezequiel 8.17;
1Reyes 16.31

+

DUREZA DE CORAZÓN
Zacarías 7.11-12;
Salmos 81.11-12

+

MALDAD
1Corintios 5.8
Efesios 4.19

↓

HIJO DEL DIABLO
1Juan 3.8

La reprensión del apóstol no se deja esperar y los invita a retomar un camino de pureza y santidad. Este tipo de personas son obstáculo para el crecimiento de otras personas que en verdad desean tener una experiencia con Dios, pero debido a sus perversiones son tropiezos para otras personas que desean acercarse a Jesús y hacer la obra de Dios. Al respecto, Cristo amonesta diciendo: *Dijo Jesús a sus discípulos: Imposible es que no vengan tropiezos; más ¡ay de aquel por quien vienen! Mejor le fuera que se le atase al cuello una piedra de molino y se le arrojase al mar, que hacer tropezar a uno de estos pequeñitos (Lucas 17.1-2).*

El llanto de Pablo en Filipenses 3.18, se refiere a personas que eran enemigos de la cruz de Cristo y que eran solo obstáculos para otras personas que en verdad deseaban un encuentro personal con el Señor. Un ejemplo muy palpable es del rey David (2Samuel 12.14).

¿CÓMO DEFINIMOS PECADO?

El Diccionario de la Lengua Española dice: Pensamiento, palabra o acción que se considera va contra la voluntad de Dios o los preceptos de la fe que profesa.

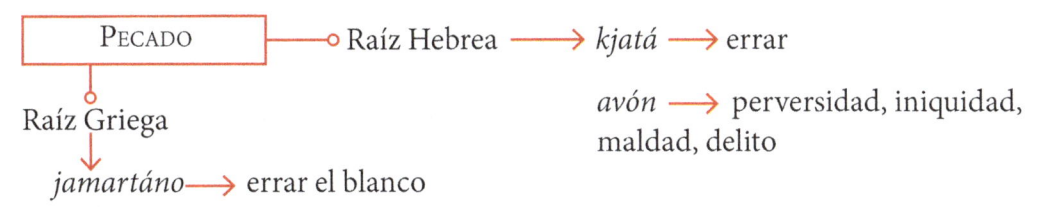

PECADO
- Raíz Hebrea → *kjatá* → errar
- *avón* → perversidad, iniquidad, maldad, delito
- Raíz Griega → *jamartáno* → errar el blanco

EL PECADO DE ACÁN. Para entender con mayor profundidad como el cristiano puede ser influenciado por las fuerzas del maligno, hasta ser controlado en su forma de vida, revisemos el pecado cometido por Acán, y tomemos esta experiencia para aprender el carácter de Dios en la santidad (Josué 7.1).

Primeramente, debemos entender que la ira de Dios se encendió de nuevo (la primera vez fue con Lucifer, la segunda vez con Adán y Eva) a causa de la desobediencia. Dios fue claro en el señalamiento para la toma de Jericó (Josué 6.18-19).

La instrucción no era difícil, no era necesario ser muy inteligentes para entender que NO deberían de tocar ni tomar nada de la ciudad, solo la plata, el oro y los utensilios de bronce y de hierro, serían tomados para consagrarlos al tesoro de Jehová. Esto tiene un paralelismo con la vida del creyente, Dios nos demanda obediencia a Su palabra (Mateo 5.17-20).

IDENTIDAD

¿Sabes algo?, Acán no se tropezó con el anatema, lo buscó, él sabía que estaba mal lo que estaba haciendo. En el momento en que todos estaban luchando, Acán estaba preocupado en observar lo que había en la ciudad.

Hay cristianos que se atreven a entrar a los bares y lugares de diversiones impropios, no se tropiezan con estos lugares, los buscan para infectarse de pecado (Salmos 94.7-10).

Ahí estaba aquel manto babilónico, no era nada despreciable, es posible que Acán jamás haya tenido un manto igual. Él pensó que nadie lo veía, lo podría tomar, esconderlo y un día disfrutarlo. Que terrible cuando, como hijos de Dios, prestamos el corazón para que sea contaminado.

¿Porque muchos hogares cristianos no prosperan y viven una vida mediocre? ¡Porque no toman en serio la vida cristiana!

La misma situación que vivió el campamento de Israel por la desobediencia de Acán, se vive hoy en día cuandolos creyentes toman a la ligera las instrucciones de Dios y toda su casa sufre las consecuencias.

¡Recuerde que el pecado individual siempre traerá consecuencias colectivas!

¿Qué fue lo que sucedió con Acán? Este hombre irresponsable toma en poco las instrucciones que Dios les había dado. En este pasaje podemos observar la secuencia que siguió Acán para llevarlo al desastre.

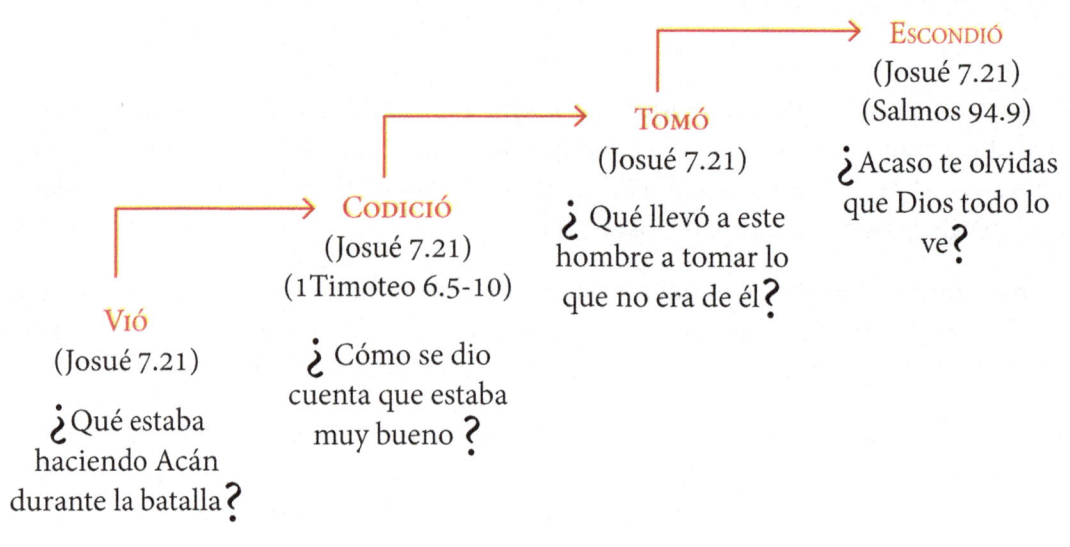

Vió
(Josué 7.21)
¿Qué estaba haciendo Acán durante la batalla?

Codició
(Josué 7.21)
(1 Timoteo 6.5-10)
¿Cómo se dio cuenta que estaba muy bueno?

Tomó
(Josué 7.21)
¿Qué llevó a este hombre a tomar lo que no era de él?

Escondió
(Josué 7.21)
(Salmos 94.9)
¿Acaso te olvidas que Dios todo lo ve?

¡Recuerde, todo inicia por las ligerezas, sigue con la dureza y termina en la malicia!

Para Acán, como para muchos creyentes, les es ligero poner sus ojos donde no deben, tocar lo que no es permitido, oír lo que a Dios no le agrada, hablar cosas que no edifican y pisar lugares que Dios aborrece.

El mismo proceso de Acán se ha repetido a través de los tiempos, muchos hijos de Dios han pasado por esta situación, lamentablemente muchos de ellos no tuvieron tiempo de arrepentirse y están en el infierno, otros, pudieron enmendar el camino y regresaron a pedir perdón a Dios y continuar en la vida cristiana.

EL DESLIZAMIENTO DE DAVID. Observemos que mientras el ejército de David está en la batalla, él se queda en el palacio. En medio de aquella ociosidad, es donde tiene ese deslizamiento.

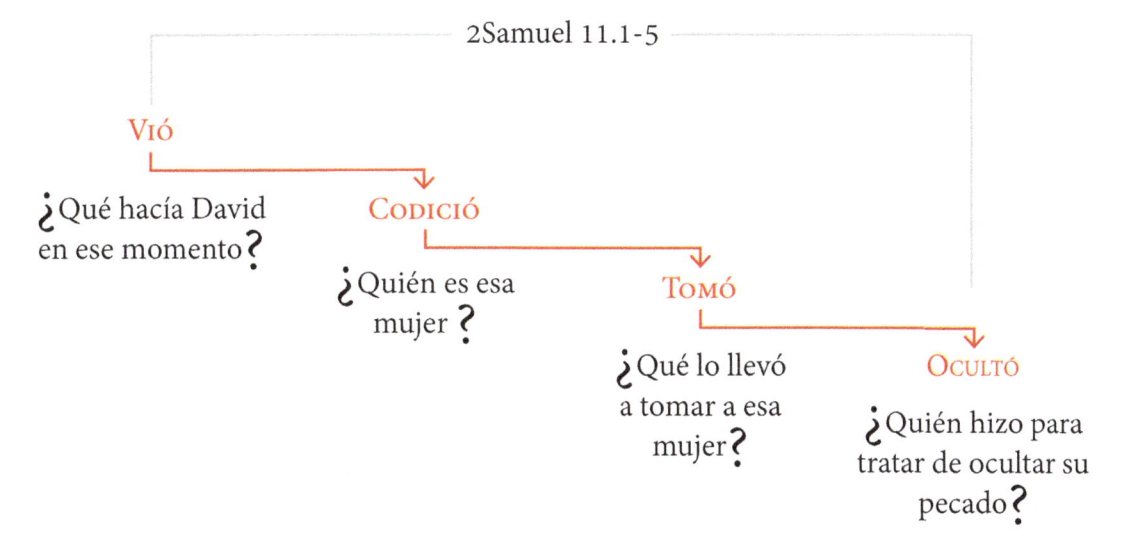

2Samuel 11.1-5

VIÓ
¿Qué hacía David en ese momento?

CODICIÓ
¿Quién es esa mujer?

TOMÓ
¿Qué lo llevó a tomar a esa mujer?

OCULTÓ
¿Quién hizo para tratar de ocultar su pecado?

Hoy en día sucede lo mismo, muchos hijos de Dios se deslizan de la misma manera, ven, codician, toman y tratan de ocultar su pecado. ¡Y lo más tremendo es que piensan que no hay problema con Dios, finalmente Dios perdona todo!

¡Que ignorancia, ¡Dios es Dios de amor, pero también de ira consumidora! (Hebreos 12.25-28; 10.28-31).

¡Es nuestra responsabilidad cuidar nuestra vida espiritual!, porque ¿cómo escaparemos nosotros, si descuidamos una salvación tan grande? (Hebreos 2.3).

IDENTIDAD

EL PECADO DE COMISIÓN Y OMISIÓN

Existen dos tipos de pecados que el cristiano, comúnmente práctica, el pecado de comisión y el pecado de omisión. Dios no juzgará a la humanidad basado en lo que pensaban estaba bien y lo que estaba mal, ninguna religión llevará al hombre al cielo. Dios tiene un estándar por el cual será juzgada toda la humanidad.

Jesucristo es el camino, la verdad, la vida de Dios y la norma por la cual todos seremos juzgados. Jesús era el Verbo hecho carne, y ahora esa palabra ha sido puesta por escrito y ha sido llamada Biblia. Más que los testimonios y los ejemplos de personas reales, la Biblia será nuestra última autoridad para determinar cuál es nuestro lugar en la eternidad.

A continuación, veremos que es el pecado de comisión y de omisión, así entenderemos un poco más cada uno de ellos.

PECADOS

COMISIÓN *(Logos)*
(2Samuel 11.1-5)
(Josué 7.1,21)

- Pensamientos y acciones que rompen los mandamientos.
- Es hacer lo que no se debe hacer.
- Hacer lo contrario a lo que la Biblia dice.
- Contrario a la naturaleza y carácter de Dios.
- Acciones incorrectas.

OMISIÓN *(Rhema)*
(1Samuel 13.13-14)
(Números 20.12)

- No hacer lo que sabemos hacer.
- Negligencia.
- Desobediencia.
- Obstinación
- Desidia.
- No cumplir con la Palabra Rhema.

NUESTRO DESAFIO

Nuestro desafío es permanecer en Cristo y darle la espalda al pecado. Nuestro gran enemigo no es el diablo y sus demonios, sino nosotros mismos, nuestra naturaleza humana que siempre trata de atraparnos con deseos malos (Santiago 1.13-14). En este pasaje vemos como debemos echarle la culpa a Dios de nuestras debilidades como seres humanos. La tentación esta cada día delante de nosotros, pero debemos resistirla en la fe.

Siempre estamos propensos a la tentación, de hecho, el apóstol Pablo lo dice (Gálatas 5.17). Nuestra lucha mayor siempre es con la carne, nuestra naturaleza humana intenta estar por encima de la influencia del Espíritu en nuestro diario vivir. Nosotros debemos resistir en la fe.

Por otro lado, sabemos que no debemos ignorar las maquinaciones del diablo (2Corintios 2.11). La escritura dice (1Pedro 5.8–9). Tanto la carne como las maquinaciones del diablo lo resistimos firmes en la fe.

¡Permanecer en la fe es pararnos firmes en lo que creemos! Dios es fiel para cubrirnos y protegernos hasta el día en que estemos en su presencia (2Pedro 3.14, 1Tesalonicenses 3.13).

¿Dios te ha confrontado con algún pecado? Te tengo buenas noticias. Tenemos a un Dios que es lento para la ira y grande en misericordia y verdad (Números 14.18). El Apóstol Juan dijo (1Juan 2.1). Este es el camino para restaurar nuestra relación con Dios. El pecado es darle la espalda, pero su misericordia nos abre la puerta de nuevo para entrar y recibir su perdón. ¡Aprovecha la oportunidad!

IDENTIDAD

PREGUNTAS FINALES

1. De acuerdo a Génesis 2.15-17 ¿Cuál fue el primer mandato que se dio al Hombre?

2. ¿Cómo un cristiano puede deslizarse y perder su salvación?

3. ¿Qué significa la palabra poseído?

4. ¿Puede un cristiano ser Poseído? ¿Por qué?

5. ¿Cuáles son los tres escalones en los que un creyente cae?

6. ¿Hasta que grado se endúrese el corazón de un creyente?

7. ¿Cuál fue el pecado de Acán y cuales fueron sus consecuencias?

EL PECADO Y SUS CONSECUENCIAS — LECCIÓN 5

APLICACIÓN

Ahora que sabemos que es el pecado y cuales son sus consecuencias tendrás que apartarte de cualquier persona que pueda influenciar tu vida al pecado y de los lugares de tentación, recuerda que un pequeño desliz te puede llevar a la dureza de tu corazón, existe una línea delgada que puedes romper y sin que te des cuenta estaras del otro lado donde todo se ve frio, sin vida y sin pasión, si eso sucede tienes que reflexionar y volver a Jesucristo que nunca te dejara de amar, y con brazos abiertos te esperará, te restaurará y posicionará en tu lugar; recuerda siempre que el pecado tarde que temprano te cobrará con intereses todo lo que te da y ofrece.

Bendiciones.

ORACIÓN FINAL

Padre hermoso, vengo delante de ti para pedirte perdón por este pecado (menciónalo) y te pido una oportunidad para reesta- blecer mi relación contigo. Ayúdame a permanecer firme en tu gracia. Fortaléceme para no pecar contra ti y permanecer firme en mi fe. En el maravilloso nombre de Jesús.

LECCIÓN 6

ADMINISTRADORES DEL REINO

1 CORINTIOS 4.1
Así, pues, téngannos los hombres por servidores de Cristo, y administradores de los misterios de Dios. Ahora bien, se requiere de los administradores, que cada uno sea hallado fiel.

TITO 1.7
Porque es necesario que el obispo sea irreprensible, como administrador de Dios…

1 PEDRO 4.10
Cada uno según el don que ha recibido, minístrelo a los otros, como buenos administradores de la multiforme gracia de Dios

IDENTIDAD

PREGUNTAS INTRODUCTORIAS

1. Explica el término ADMINISTRADOR:

2. ¿Qué entiendes por la palabra irreprensible?

3. Explica el termino ministrar:

4. ¿Por qué un administrador tiene que rendir cuentas?

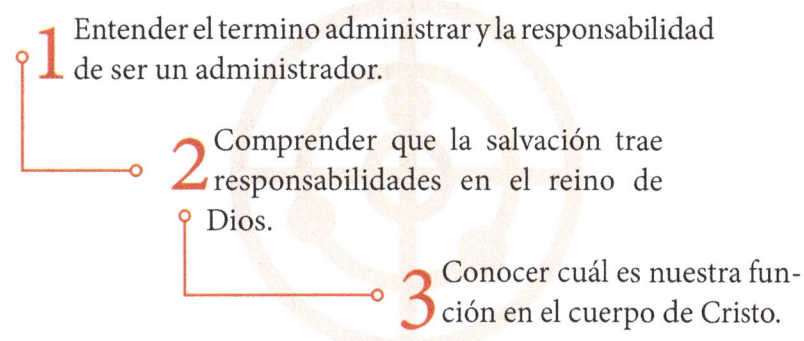

ADMINISTRADORES DEL REINO LECCIÓN 6

OBJETIVOS

1. Entender el termino administrar y la responsabilidad de ser un administrador.

2. Comprender que la salvación trae responsabilidades en el reino de Dios.

3. Conocer cuál es nuestra función en el cuerpo de Cristo.

DESARROLLO

Después de un arduo trabajo de seis días la creación es terminada, el Creador pone a nuestros primeros padres, Adán y Eva como administradores de SU reino en la tierra (Génesis 1.28).

El administrar la creación incluía el hecho de tener dominio total en todas las cosas creadas. Lo que está en el cielo, en la tierra y debajo de la tierra estaría bajo el gobierno de Adán y Eva, su trabajo específico sería tener cuidado de toda la creación. ¡El octavo día fue el principio de la administración de la tierra por los gobernadores de este mundo!

Administración
Latín

•*Administratione*	•*Prefijo Ad-*	•*Prefijo -minister*
Dirección	*Dirección*	*Obediencia*
Gestionar	*Tendencia*	*Servicio*
Gerencia		*Subordinación*
Servir		

La administración es la ciencia que persigue la satisfacción de objetivos institucionales por medio de una estructura y a través del esfuerzo humano coordinado. Es el proceso cuyo objeto es la coordinación eficaz y eficiente de los recursos de un grupo de personas para lograr objetivos con la máxima productividad.

Lo que Dios estaba entregando a Adán y Eva era que tuvieran autoridad, gobierno,

IDENTIDAD

dominio, sobre todas las cosas creadas en la tierra. La administración no tendría límites, su tarea sería ir extendiendo el Huerto del Edén por toda la tierra. Nadie podría estar por encima de la autoridad y las decisiones que los gobernadores Adán y Eva tomaran para guiar a este mundo en los propósitos de Dios. No gobernarían por ellos mismos, sino por medio de los principios y valores del Reino que el Creador estaba entregando en sus manos.

Se entiende que la administración es el acto de gobernar, ejercer autoridad y disponer de un conjunto de bienes, de una institución o una nación. El término es amplio y puede hacer referencia tanto al uso que alguien hace de sus propiedades y bienes (o incluso de las ajenas) hasta la administración política y económica de un Estado, pasando por la administración organizativa de una empresa o entidad.

Cuando hablamos del reino que recibieron Adán y Eva estamos tratando con lo que conocemos hoy como el reino de Dios en toda su plenitud. La palabra reino en inglés es "*Kingdom*" que proviene de dos palabras:

1. *King* ⟶ rey;
2. *Domain* ⟶ dominio.

¡El rey que tiene dominio! Dios hizo todo lo que vemos y lo que no vemos, lo que está arriba en el cielo, en la tierra y de bajo de la tierra, todo eso forma el reino de Dios.

Adán y Eva tomaron dominio sobre todas las cosas, los sistemas del mundo fueron confeccionados bajo los principios de Dios. En Génesis 1.28 están recibiendo la tutela de la tierra, ellos serían padres de generaciones, la rectoría del mundo estaría en sus manos para dirigirlo de acuerdo a los estatutos celestiales. Adán era un experto en la vida animal (Un zoólogo que le dio nombre a todos los animales); Experto en la flora (Un botánico que dio nombre a todos los árboles del Huerto del Edén); Un experto campesino para cuidar y labrar la tierra; Sin duda un buen astrólogo, maestro, diseñador, legislador, entre otras muchas virtudes que Dios le impartió para cumplir con la comisión recibida del Padre.

EL DERECHO LEGAL ES CEDIDO

Lamentablemente el pecado les retiró el derecho legal de administrar lo que el Creador puso en sus manos, Adán y Eva fueron destituidos de su función y les fue retirado el dominio de la creación. Su adversario se adjudicó el derecho de ser el nuevo gobernador de todo lo creado, tomando autoridad sobre todas las cosas e implantando un sistema de acuerdo a su naturaleza maligna (2Pedro 2.19b). ¡Por esta palabra el diablo se adjudicó el derecho de gobernar la creación! Cuando Jesús fue tentado, en toda la mentira, el diablo dijo una verdad (Lucas 4.6-7). ¡Porque a mí me ha sido entregada!

Al momento que Adán obedece la voz de Eva para comer del fruto que Dios les había dicho que no comiesen, pierden el privilegio de gobernar (Hebreos 2.14-15). Notemos que toda la descendencia de Adán heredó su esclavitud (a esto se le conoce como pecado heredado). ¡Sujetos a servidumbre! Hijo de esclavo se convierte en esclavo, de esta manera, toda la descendencia de Adán quedó separada del reino de Dios (Romanos 3.23).

A partir del momento en que nuestros primeros padres son engañados y ceden los derechos de administración de la tierra, se inicia una batalla en contra de aquel que les venció (Génesis 3.15). Al final la simiente de la mujer (Jesucristo) vendría a herir en la cabeza a la simiente de la serpiente (Satanás) para recuperar el reino, pero mientras tanto, el enemigo de Dios y del hombre estaría reinando con un sistema de muerte (Romanos 5.17). Notemos que el escritor de la carta a los Hebreos refiere que el diablo tenía el imperio de la muerte.

UN ESPACIO LLAMADO TIEMPO

En la inmensidad de la eternidad, Dios formó un espacio llamado tiempo, un paréntesis, una esfera, que se mide en segundos, minutos, horas, días, desde donde Dios trabajaría en la restauración del ser humano y toda su creación. Recordemos que *para con el Señor un día es como mil años, y mil años como un día (2Pedro 3.8)*. ¿Para qué Dios diseñó este espacio llamado tiempo? ¡Para la restauración de su creación! Imaginemos la eternidad como un espacio sin fin, donde no hay tiempo, todo es en él, ahora.

Así como en siete días fue creada la tierra, en siete días Dios la estará restaurando junto con el ser humano. En este momento estamos en el año judío 5,776, que es el calendario más cercano a la realidad. Al llegar a los seis mil años o seis días, podremos entrar en la recta final de la restauración total de toda la creación (Apocalipsis 21.1-3). El trabajo de restauración se lleva a cabo de una manera total (Romanos 8.22-23).

Dios ha usado espacios de tiempo que los teólogos han llamado dispensaciones, esta palabra sencillamente quiere decir mayordomía donde se producirá la restauración de la creación. ¡En este paréntesis llamado tiempo, Dios sigue trabajando restaurando todas las cosas! (Efesios 1.10; 3.9).

IDENTIDAD

EL REINO RECUPERADO

Dios no podría haber dejado a su creación en manos de un gobierno maligno el cual sembró el temor, así que el plan perfecto era usar la misma verdad para recuperar la administración de la tierra. *¡Porque el que es vencido por alguno es hecho esclavo del que lo venció!* Jesús vino para destruir el imperio de Lucifer y para entregar el gobierno de la tierra a los hijos de Dios.

El apóstol Pablo nos ayuda a comprender esta gran verdad con la carta a los discípulos de Colosas (Colosenses 2.13-15). Desglosando el versículo encontramos grandes verdades que deben emocionarnos y traer esperanza:

1. **Jesús es el instrumento de Dios** para regresarnos a nuestra identidad correcta mediante el perdón de nuestros pecados.

2. **¿Cómo lo hizo?** ¡Anuló la carta que nos era contraria! Esto quiere decir que nos regresó la factura de la tierra. Tenemos nuevamente la rectoría, la tutela de la creación de Dios.

3. **Despojó a los principados y a las potestades.** Les quitó la administración de la creación para ponerla nuevamente en nuestras manos de acuerdo al plan original de Dios.

4. **El gobierno de la tierra** vuelve a estar en nuestras manos y debemos ejercer autoridad para administrar todas las cosas.

El apóstol Pablo dice: *Así, pues, ténganos los hombres por servidores de Cristo, y administradores de los misterios de Dios (1Corintios 4.1).* De esta manera, ahora somos cabeza y no cola, estamos encima y no abajo, somos administradores de la creación de Dios y gobernamos bajo las leyes que Dios establece en su palabra.

La manifestación más gloriosa fue vista y oída en la tierra cuando Jesús estaba en la cruz. El apóstol Juan registró la última frase salida de la boca del Hijo de Dios *(Juan 19.30).*

¡Consumado es! Este grito no es por desesperación, ni mucho menos refleja derrota, es el grito de victoria, palabras que reflejan el acontecimiento más importante para la creación de Dios. Todo estaba consumado, en la agenda de Dios estaba registrado este momento donde el reino sería recuperado.

¿Qué sucedió en aquel histórico momento? A partir de ahora somos responsables de administrar los bienes de Dios en la tierra. A cada uno de nosotros, Dios pone una responsabilidad especial en desarrollar sus dones en beneficio de su reino (1Pedro 4.10).

SOMOS ADMINISTRADORES

¿De qué somos administradores? Podemos hacer una lista de nuestras responsabilidades primarias de lo que tenemos que administrar.

1 Debemos administrar los dones: 1Pedro 4.10

2 Administramos bienes materiales: Hechos 4.36-37

3 Administramos el sistema político: Hechos 13.1

4 Somos administradores en el sistema educativo: Hechos 19.9

5 Administramos nuestra vida física, espiritual, emocional: 1Timoteo 4.16

6 Dios pone en nuestras manos misterios: 1Corintios 4.1; Colosenses 1.27

7 Administradores de nuestro llamado: Colosenses 1.25

8 Debemos redimir adecuadamente el tiempo: Colosenses 4.5

9 Somos administradores de nuestra familia: 1Timoteo 5.4

IDENTIDAD

Relaciona las columnas con la respuesta correcta.

CUADRO DE TRABAJO
Acerca del reino de Dios

1. Dios nos asigna un reino para que sea administrador.

2. El reino de Dios no es comida ni bebida.

3. Debemos andar como dignos representantes del reino de Dios.

4. No todos los creyentes pueden heredar el reino de Dios.

5. El apóstol Pablo aprovechaba el tiempo para testificar del reino.

6. El reino de Dios se recibe con la naturaleza de un niño.

7. Los justos resplandecerán como el sol en el reino de mi Padre.

- Gálatas 5.21
- Lucas 18.17
- Mateo 13.43
- Lucas 22.29
- Romanos 14.17
- 1 Tes 2.14
- Hechos 28.23

UNA GRAN RESPONSABILIDAD

¡Por supuesto que somos responsables! Dios nos entrega los dones, habilidades y herramientas para desarrollar la labor que Él ha puesto en nuestras manos. Estos pueden venir desde el momento de nuestro nacimiento y otros ser añadidos al momento de la salvación y posteriormente en la llenura del Espíritu Santo.

El apóstol dejó claro que los administradores deben ser hallados fieles (1 Corintios 4.2), por lo que debemos ser entendidos que esta es una responsabilidad muy grande. En la parábola de los talentos vemos que Dios nos ilustra el gran desafío de ser responsables. Un buen administrador hace uso eficiente y efectivo de los recursos que alguien le confía con la intención de rendir cuentas (Mateo 25.14–30).

Todo administrador del reino en algún momento estará rindiendo cuentas de las comisiones que le fueron entregadas.

Siete consejos para ser buenos administradores

1 **Tener la voluntad de convertirse en administrador del reino.** Nos convertimos en administradores del reino al momento que ganamos la confianza de Dios para hacerlo. Entendemos que en la administración de Dios (Colosenses 1.25), nos es asignada una comisión que debemos desarrollar.

Es importante reconocer que tenemos un propósito que esta enlazado con nuestro destino (Efesios 1.11). "Predestino", nuestro destino ya fue diseñado, desde que estamos en el vientre de nuestra madre Dios nos asigna un propósito que está ligado a nuestro destino. ¡Sabemos quiénes somos, para que estamos aquí, y a donde vamos!

2 **Aprender buena mayordomía.** Entendemos que solo somos administradores, el dueño de todo es nuestro Señor, nosotros somos mayordomos, cuidamos de lo que nos es asignado. Un buen mayordomo sabe que las habilidades, dones y herramientas que tenemos, nos fueron asignadas para hacer un buen trabajo para la extensión y administración del reino de Dios en la tierra.

Uno de los desafíos del buen mayordomo es actuar siempre con humildad sabiendo que lo que tiene le fue asignado por su Amo (1Corintios 4.7). ¡Frecuentemente vemos que lo mucho enaltece al ser humano! (Santiago 4.6, Romanos 12.3).

3 **Ser consciente que rendirá cuentas.** En la parábola de los talentos encontramos que el amo los entregó de acuerdo a las capacidades de cada uno. Poco o mucho, entendemos que en algún momento daremos cuenta a nuestro Señor de lo que nos ha dado para administrar. Dios nos juzgará por la honestidad, justicia, fidelidad, con que desarrollemos nuestro trabajo (Juan 3.27).

Queremos escuchar la voz de Dios diciendo: *Bien, buen siervo y fiel; sobre poco has sido fiel, sobre mucho te pondré; entra en el gozo de tu señor (Mateo 25.21).* En algún momento Dios nos llamará no solo a rendir cuentas de nuestra vida espiritual sino de las obras que desarrollamos para el reino (Apocalipsis 22.12).

4 **Darle el verdadero valor a lo que está administrando.** No hay comisión pequeña, todos los llamados y entregas que Dios hace tienen un valor. Desde servir en la congregación a los santos, hasta ser un empresario, músico, artista, tiene un gran peso delante de nuestro Creador. No podemos minimizar a lo que el Padre nos ha llamado, darle el valor correcto nos ayudará a dar buenas cuentas (2Corintios 3.5–6).

IDENTIDAD

5 **Hacer todo de una manera justa.** Debemos lograr ser irreprensibles (Tito 1.7), como buenos administradores de la comisión que Dios nos ha asignado. Administrar con justicia es estar totalmente sometidos a los principios y valores del reino de Dios. En cualquier área donde servimos o administramos somos llamados a impartir la justicia divina en nuestra manera de hacer las cosas.

6 **Hacer todo de una manera eficiente.** Podemos ser eficaces, pero no eficientes. Una persona que es eficaz es porque logró el objetivo. Pero ser eficiente es porque logró el objetivo en el tiempo correcto usando los recursos necesarios. No solo es hacerlo, sino hacerlo usando los recursos humanos, tecnológicos y financieros correctamente, sin despilfarrar o usarlos inadecuadamente.

7 **Entender el objetivo final.** La buena administración tiene como objetivo final extender el reino de Dios y administrar cada espacio que se ha logrado ganar. El reino es establecido cuando la sociedad es transformada por los principios y valores eternos. En el momento que las personas usan la justicia de Dios como su bandera el reino se ha establecido.

Funciones prácticas de un administrador

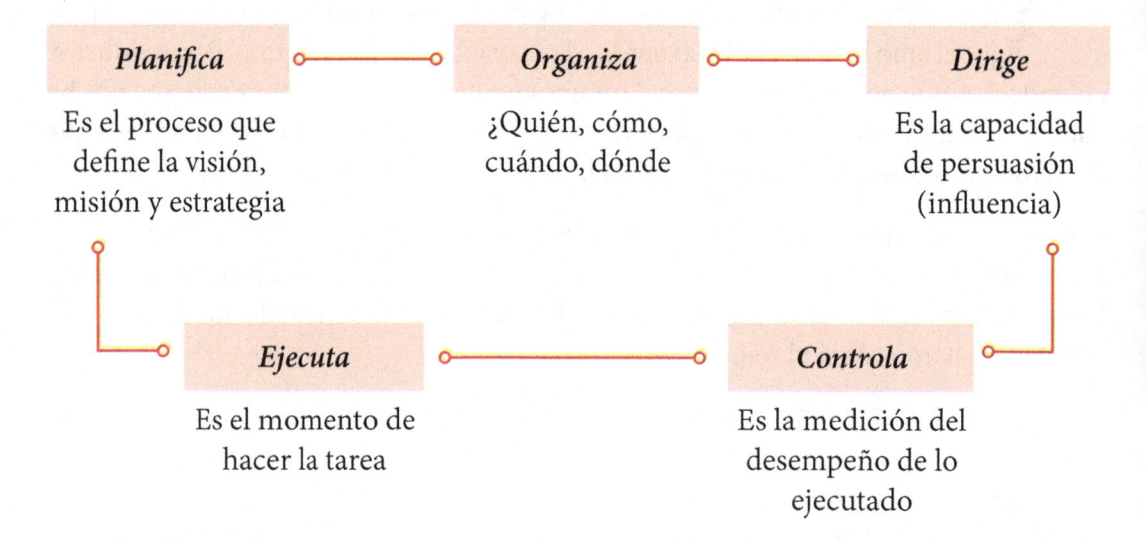

Planifica — Es el proceso que define la visión, misión y estrategia

Organiza — ¿Quién, cómo, cuándo, dónde

Dirige — Es la capacidad de persuasión (influencia)

Ejecuta — Es el momento de hacer la tarea

Controla — Es la medición del desempeño de lo ejecutado

La buena administración es aplicada en cualquier organización donde se definan metas, propósitos y logros, mediante la planeación de proyectos.

Edificando mi casa

En la Biblia encontramos tres tipos de padres:

| 1. El padre que nos *creo* (Dios). | 2. El padre que nos *engendró físicamente* (padre físico). | 3. El padre que nos *engendró espiritualmente* (Padre espiritual). |

En primer lugar, tenemos a un Dios que nos crea en el vientre de nuestra madre. El es nuestro Padre Creador (Malaquías 2.10, Jeremías 1.5). Conocemos que nos crea con un propósito divino y espera que nosotros sepamos administrar ese llamado. El apóstol Pablo testifica a los discípulos de la iglesia en Galacia (Gálatas 1.15–16).

Entonces reconocemos que tenemos un padre creador con quien tenemos la responsabilidad de cumplir el destino para el cual venimos a este mundo (Romanos 8.15-17, Efesios 1.11). ¡Predestinados!

Edificamos la casa del padre que nos creó.

En segundo lugar tenemos un padre que nos engendra o nos trae al mundo. Desde luego que tenemos la bendición de conocer la paternidad del Creador a través de vivir la paternidad física. El consejo de Dios es: (Efesios 6.1–2).

Reconocemos entonces la responsabilidad que tenemos con nuestro padre físico, y por supuesto la responsabilidad que tienen los padres físicos con sus hijos (Salmo 127.3).

Edificamos la casa del padre que nos engendró físicamente.

En tercer lugar, cuando Dios nos salva nos pone en una casa espiritual y nos asigna un padre espiritual (1 Corintios 4.15). Estos padres espirituales tienen una gran responsabilidad con sus hijos, por eso el escritor del libro a Los Hebreos lo dice (Hebreos 13.17).

Edificamos la casa del padre que nos engendró espiritualmente.

Como podemos observar tenemos que ser buenos administradores de la paternidad que Dios nos entrega. ¡Estamos hablando de edificar nuestra casa!

A Dios le agrada que seamos responsables en cooperar en la edificación de la casa donde nos ha puesto. Algunos ejemplos:

IDENTIDAD

- Algunas mujeres pudientes servían a Jesús con sus bienes (Lucas 8.3).

- Los primeros discípulos ponían sus bienes a los pies de los apóstoles (Hechos 4.34–35).

- Pablo usó las instalaciones de la escuela de un discípulo para enseñar el evangelio (Hechos 19.9).

Cuando somos parte de una congregación debemos administrar adecuadamente nuestras finanzas, tiempo, esfuerzo, talentos, para ayudar a su crecimiento mediante la participación en la visión de la casa, proyectos, eventos, planes y estrategias que Dios este impartiendo.

En la relacion esencial del hombre con Dios, tres cosas constituyen a uno en cristiano o seguidor de Cristo: lo que es, lo que cree, lo que hace; doctrina, experiencia, practica. El hombre necesita tres cosas para su ser espiritual: vida, instrucción, y guía; precisamente lo que declara nuestro Señor: Yo soy el camino, y la verdad, y la vida.

Lo que es • Identidad

Esto viene por la formación doctrinal, el evangelio de la salvación y la instrucción formal para que sea transformado a la imagen de Cristo.

Lo que cree • Propósito

La transformación de la mente a los valores y principios del reino, nos abre la perspectiva para encontrar nuestro propósito en la tierra y caminar en él.

Lo que hace • Destino

Necesitamos la guía principalmente del Espíritu Santo para caminar en nuestro destino en la tierra, los padres espirituales tienen la capacidad de dirigirnos para caminar seguros hacia donde Dios nos lleva.

UNA POSICIÓN ESTRATEGICA

En la casa espiritual donde Dios nos ha puesto, llámese congregación, iglesia o grupo cristiano, encontraremos cinco tipos de personas:

Creyentes	Son aquellos que han nacido de nuevo y están en un proceso de consolidación en la fe en Cristo.
Discípulos	El creyente pasa a ser discípulo cuando toma desiciones importantes, esta dispuesto a ser fiel seguidor de Jesús siguiendo sus pasos (1Pedro 2.21).
Líderes	El discípulo es líder cuando ha pasado un proceso de formación y crecimiento en la Palabra de Dios y tiene responsabilidades claras en el Reino (Hechos 6.3).
Ministros	El discípulo es un ministro cuando Dios lo prepara para administrar los dones y talentos a otras personas para el establecimiento del evangelio (2Corintios 3.6, Hechos 2.47).
Oficios ministeriales	Cuando hemos llegado a la meta de ser ministros Dios nos llama a desarrollar algún oficio para convertirnos en edificadores de la Iglesia del Señor (Efesios 4.11-12).

Estas responsabilidades en el cuerpo de Cristo son las "especialidades" que edifican a sus miembros y regularmente toman el nombre de "ministros de Dios".

En Números 11.14-17. Moisés estaba tan ocupado que no podía soportar el peso del trabajo, y la demanda de servicio al pueblo de Dios. Necesitaba la ayuda y la fortaleza para realizar la tarea que Dios había puesto en sus manos. Moisés necesitaba "duplicarse" en otros, así que Dios saca de su espíritu y lo pone en 70 personas, quienes le ayudarían a cumplir su comisión.

Esto es lo que sucede cuando la persona decide ser formada, entrenada y capacitada, para llegar a tener el espíritu de su padre espiritual. Estamos hablando de tener el ADN del padre espiritual, de tal manera que el hijo es como el padre, toma las cargas que tiene y le ayuda a salir adelante y ser parte de la comisión que Dios le ha entregado.

IDENTIDAD

Un administrador del reino no solo puede ser ministro de un nuevo pacto en la congregación local, sino en el lugar donde se encuentre. Administramos el evangelio en el trabajo, escuela o calle, somos ejemplo como buenos administradores de la familia, de nuestra vida, en que usamos nuestro tiempo (2Corintios 3.4–5).

Usa la Biblia para encontrar la respuesta correcta y relaciona las columnas.

CUADRO DE TRABAJO
Administradores del reino de Dios

1. José el soñador.
2. Mujeres que seguían a Jesús.
3. El dueño de una escuela.
4. El rey Ciro.
5. El rey Asuero.
6. Simón de Cirene.
7. José de Arimatea.

- Prestó las instalaciones de su propiedad a Pablo.
- Aunque no conocía a Dios fue puesto como rey.
- Fue un funcionario público en Egipto.
- Ayudó a Jesús a llevar la pesada cruz.
- Llevó el cuerpo de Jesús a la tumba.
- Ayudaron con finanzas al ministerio de Jesús.
- Ayudó a reedificar la ciudad de Jerusalén.

Finalmente reconocemos que cada uno tenemos diferentes dones que nos ayudan a desempeñar la tarea que Dios nos ha mandado, estos dones o habilidades, deben ser usadas de una manera responsables para dar buenas cuentas al Señor.

ADMINISTRADORES DEL REINO — LECCIÓN 6

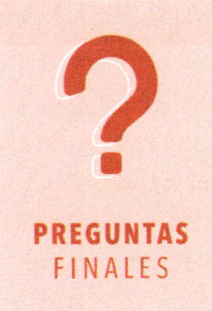

PREGUNTAS FINALES

1. ¿Qué entiendes por reino de Dios?

2. Según 1Corintios 15.25. ¿Cómo puede Cristo reinar en este tiempo?

3. ¿Por qué perdió Adán el derecho legal de administrar el reino de Dios en la tierra?

4. ¿Cómo hemos recuperado la administración del reino de Dios?

5. ¿Qué se nos exige en la administración del reino (1Corintios 4.2)? ¿Cómo lo podemos lograr?

IDENTIDAD

APLICACIÓN

Jesús en la oración ejemplo dijo: *Venga tu reino. Hágase tu voluntad, como en el cielo, así también en la tierra (Mateo 6.10).* Lo que nos deja una clara impresión que es la voluntad del Padre que el reino se reinstale en la tierra. Jesús dijo en la cruz del Calvario: ¡Consumado es! Con esto estaba declarando la tarea cumplida de acuerdo a la comisión que el Padre le entregó para venir a recuperar el reino que Adán y Eva perdieron en el Huerto del Edén.

Ahora nosotros tenemos que luchar por tomar la parte que nos corresponde a conquistar y ser buenos administradores en al área donde nos movemos. El apóstol Pablo enseña a sus discípulos de Corinto (2Corintios 3.5). Reconocer que nuestra competencia proviene de Dios es saludable porque nos mantenemos dependientes de su gracia.

Nuestro desafío es esforzarnos para ser buenos administradores y dar buenas cuentas a Dios de nuestro trabajo en la operación del poder del reino en la tierra. Recordemos que Dios bajó al Huerto del Edén y buscó a Adán (Génesis 3.9). *¿Dónde estás tú?* Preguntó Dios a Adán. ¡Era el momento de la rendición de cuentas! Sucederá de nuevo con nosotros, en algún momento Dios nos llamará a rendir cuentas de nuestras acciones y tendremos que responder por lo que hayamos hecho.

Es una bendición pensar que tendremos recompensas grandes por la labor que hayamos hecho a favor del reino de Dios (Apocalipsis 22.12). Estos galardones nos serán entregados como una recompensa por nuestra labor de administradores del reino de Dios en la tierra.

ORACIÓN

Wow! que privilegio más maravilloso es el que me has dado, no solamente me has dado el don de la salvación, sino que restauraste en mi la confianza y tu imagen y me has entregado autoridad y dominio sobre los poderes de las tinieblas y me has dado la capacidad de tener dominio sobre el pecado y sobre las cosas de este mundo, riqueza y bendición me has añadido, ahora Señor Jesús te pido que aumentes mi capacidad de administrar bien tus bienes que me has encomendado, quiero hallarme fiel para poder rendirte cuentas de todo lo que has puesto y pondrás en mi manos… muchas gracias Padre por toda bendición…en el nombre de Tu hijo Jesucristo, Amén.

LECCIÓN **7**

LA PERSONALIDAD DE DIOS

GÉNESIS 1.1
En el principio creó Dios los cielos y la tierra.

ROMANOS 1.20
Porque las cosas invisibles de él, su eterno poder y deidad, se hacen claramente visibles desde la creación del mundo, siendo entendidas por medio de las cosas hechas, de modo que no tienen excusa.

IDENTIDAD

PREGUNTAS INTRODUCTORIAS

1. ¿Qué considera que se necesita para creer en la existencia de Dios?

2. ¿Dónde encontraríamos información respecto a la existencia de Dios?

3. ¿Cómo demostrarías la existencia de Dios?

3. ¿Qué conoce de Dios?

LA PERSONALIDAD DE DIOS — **LECCIÓN 7**

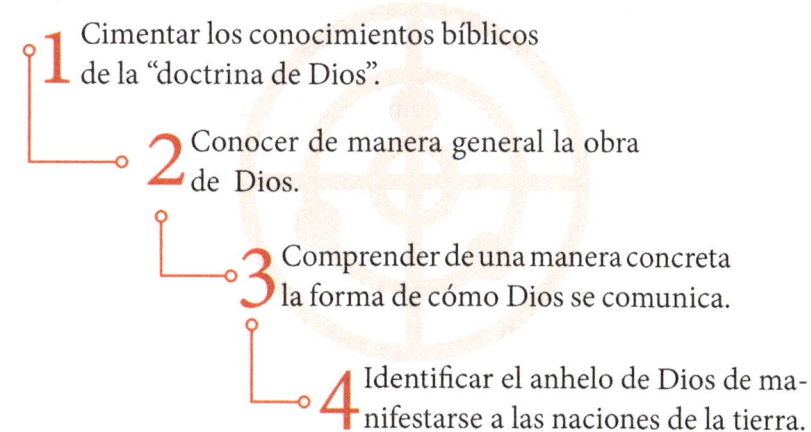

OBJETIVOS

1. Cimentar los conocimientos bíblicos de la "doctrina de Dios".

2. Conocer de manera general la obra de Dios.

3. Comprender de una manera concreta la forma de cómo Dios se comunica.

4. Identificar el anhelo de Dios de manifestarse a las naciones de la tierra.

DESARROLLO

Dios existe, la Biblia afirma su existencia "jamás duda de ella". En ningún momento, la Biblia trata de confirmar la existencia de Dios, esto lo da por un hecho.

¡Definitivamente necesitamos fe para creer en su existencia!

El nombre El, *Elohim* (traducido en nuestras versiones a veces por «Dios» y otras por «Señor») viene de una raíz que significa «poder» y se refiere a todo lo divino. A veces se combina con otras palabras (Génesis 33.20). Se usa el plural (*Elohim*) para referirse al Dios de Israel, para intensificar o reforzar la idea expresada: "La plenitud de Dios".

Jehová (*Yahveh*) representa el nombre propio de Dios tal como se ha revelado a Israel en los actos poderosos de liberación. *Adonai* (traducido por lo general en nuestras versiones por Señor, es también un plural, que da la idea de soberanía, poder pleno, y se combina a veces en expresiones como «Señor de señores» o «Señor de toda la tierra».

Otros términos «Jehová de los ejércitos», usado 279 veces en el Antiguo Testamento; «Jehová Dios eterno» (Génesis 21.33); «el Altísimo» y «el Omnipotente», (Números 24.16); o combinaciones con Jehová (Génesis 22.8, 14; Jueces 6.24; Jeremías 23.6), representan combinaciones de las designaciones mencionadas, que conmemoran manifestaciones o señales particulares del Dios de Israel. Al eliminarse en el judaísmo el uso ordinario de Jehová, aparecen muchas designaciones abstractas o indirectas: «el Nombre», «el Eterno», «el Inmortal», «el Todopoderoso», «el Altísimo».

IDENTIDAD

El Nuevo Testamento toma las traducciones griegas de estos nombres, que frecuentemente son referidos también al Señor Jesucristo.

Dios y Señor (*Kyrios*) son, sin embargo, los más utilizados y hemos de ver en ellos la traducción de «Jehová Dios» y de «el Señor Dios» del Antiguo Testamento. La paternidad de Dios se enseña en el Antiguo Testamento con respecto al pueblo de Israel y a algunos de sus líderes.

En el Nuevo Testamento se caracteriza a Dios como Padre de nuestro Señor Jesucristo y a los creyentes, que han recibido el Espíritu de adopción, como hijos de Dios. Dios es poderoso y ejerce su dominio como Señor (*Adonai*) y dueño o amo (*Baal*) de su pueblo y del universo entero (Éxodo 15.3, Salmos 24.8, Jeremías 32.18).

Dios es santo y pide a su pueblo que también lo sea. Esto significa que está separado y por encima de todo lo que es ordinario, creado y débil, tanto física como moralmente. Su santidad se muestra en su justicia, pero también en la fidelidad de su amor y en la liberación de su pueblo (Isaías 41.14; 43.3). Porque escrito está: *Sed santos, porque yo soy santo* (1Pedro 1.16).

El amor de Dios está presente en el Antiguo Testamento referido principalmente a Israel, pero en el Nuevo Testamento es elevado a una afirmación universal (Juan 3.16) y centrado en la obra de Jesucristo (Romanos 5.8).

A tal punto se revela el amor de Dios por todos los hombres (Tito 3.4), que es posible describir a Dios mismo en función del amor (1Juan 4.8).

DIOS EXISTE

Aunque la Biblia no intenta demostrar la existencia de Dios, tenemos varias formas de argumentarlo y comprobarlo.

Argumento basado en la creación del mundo:	El universo que existe debe de haber tenido una causa primera o creador, además de que lo sustenta, lo cual quiere decir que tiene capacidad de decisión propia. No solamente la naturaleza moral del hombre, sino su ser entero evidencia o revela la existencia de un Dios creador (Génesis 2.7). Leer Salmos 139.13-16.
Argumento basado en la historia:	La marcha de los acontecimientos en la historia mundial proporcionan pruebas de que existe una fuerza y una providencia que los rige, todo la historia de la Biblia fue escrita para ilustrar la obra de Dios en los asuntos del hombre en el mundo, "los principios

Argumento basado en la creencia universal: Blass Pascal expresó en una ocasión: "todo hombre nace con un vacío en el corazón que tiene la forma de Dios y no puede ser llenado con otra cosa". Concluimos que todo hombre necesita comunicarse con su creador; algunos se han desviado y no le glorifican (Romanos 1.21).

del gobierno moral de Dios se manifiestan en la historia de las naciones" (Daniel 4.30, 32, 37).

NATURALEZA Y ATRIBUTOS

Los nombres de Dios en las escrituras representan su carácter revelado al hombre. Lo que Dios hace por su pueblo se expresa por sus nombres y cuando su pueblo experimenta su gracia se dice que conocen su nombre. *Y respondió Dios a Moisés: YO SOY EL QUE SOY. Y dijo: Así dirás a los hijos de Israel: YO SOY me envió a vosotros (Éxodo 3.14).*

Jehová procede del verbo "ser" en el idioma hebreo y abarca los tres tiempos gramaticales; pasado, presente y futuro, por lo tanto, este nombre significa: *el que fue, es y será, o en otras palabras el eterno*. En Éxodo 3.7-15, Él desciende para ayudar a sus criaturas, socorrerlas y salvarlas.

El pueblo de Dios no se atrevía a pronunciar su nombre, era conocido como el impronunciable. Los escribas lavaban sus manos siete veces cada vez que escribían su nombre. Dios demanda que su nombre no sea tomado en vano y que Él no dará por inocente a aquél que jure en su nombre.

Sus nombres revelan su carácter en diferentes momentos de su actuación con relación a la necesidad del hombre. Así encontramos que se le conocía como:

- Jehová Dios de Abraham, Isaac y Jacob (Éxodo 3.6).
- Yo soy el que soy (Éxodo 3.14).
- El Omnipotente (Éxodo 6.3).
- El Santo de Israel (Isaías 37.23).
- Jehová de los ejércitos (Isaías 54.5).
- Abba padre (Lucas 11.2).

IDENTIDAD

Relacione las columnas con la respuesta correcta.

CUADRO DE TRABAJO
Revelaciones del nombre de Dios conforme a su manifestación

1. Jehová Rafa • *"Yo soy Jehová tu sanador"*
2. Jehová Nissi • *"Jehová mi bandera"*
3. Jehová Shalom • *"Jehová nuestra paz"*
4. Jehová Ra´ah • *"Jehová es mi pastor"*
5. Jehová Tsidkenu • *"Jehová justicia nuestra"*
6. Jehová Yireh • *"Jehová proveerá"*
7. Jehová Shama • *"Jehová esta allí"*
8. Jehová Sebaoth • *"Jehová Dios de guerra"*
9. Jehová Hosenu • *"Jehová nuestro hacedor"*
10. Jehová Eloneka • *"Jehová tu Dios"*
11. Jehová Elohe • *"Jehová Dios de Israel"*
12. Jehová Eloheenu • *"Jehová nuestro Dios"*
13. Jehová Mkaddishkim • *"Jehová os santifica"*
14. El Shaddai • *"Dios suficiente"*
15. El Olam • *"Dios eterno"*
16. El Hai • *"Dios viviente"*

- Jueces 6.24
- Salmos 23.1
- Salmos 95.6
- Éxodo 31.13
- Éxodo 15.26
- Éxodo 20.2-7
- Éxodo 17.8-15
- Salmos 99.5-8-9
- Éxodo 20.5
- Éxodo 6.3
- Jeremías 23.6
- 1Samuel 1.3
- Josué 3.10
- Génesis 22.14
- Ezequiel 48.35
- Jueces 5.31

LA PERSONALIDAD DE DIOS **LECCIÓN 7**

17. El **Ganna** • *"Dios celoso"*   Génesis 14.20

18. El **Elyon** • *"El Altísimo"*   Éxodo 23.17

19. El **Adonai** • *"El Señor"*   Génesis 21.33

¿Qué diferencia hay entre los nombres de Dios y los atributos de Dios? Los nombres expresan todo su ser. Los atributos expresan aspectos de su carácter. Puesto que Dios es un ser infinito es imposible para criatura alguna conocerlo exactamente tal cual es. No obstante Él se ha dignado amorosamente revelarse en un idioma que podemos entender y esa revelación esta contenida en las escrituras.

Por ejemplo: Dios dice de sí mismo *yo soy santo (Levíticos 19.2)*. Entonces conocemos este atributo de Dios porque es una cualidad que le podemos asignar. Los atributos en el ser humano son así mismo cada una de las cualidades de su ser; símbolos que denotan su carácter y oficio. Los atributos en Dios son cualquiera de las perfecciones propias de su esencia. La Biblia no procura probar que Dios existe; si no que da por afirmada su existencia y a través de todos los atributos que le caracterizan; muestra su actividad y describe al que nos creo a su imagen y semejanza.

Hay atributos exclusivos de Dios y hay atributos que también se ven en los seres humanos.

Atributos exclusivos de Dios:

Eterno, inmutable, omnipotente, omnipresente, omnisciente, Santo.

Atributos de Dios reflejados en el ser humano:

Amoroso, misericordioso, paciente, fiel, benigno.

IDENTIDAD

ATRIBUTOS SOLO DE DIOS

A través de los atributos conocemos a Dios, su personalidad y la forma como trata con el ser humano. Los siguientes son atributos propios de Dios, ningún ser creado puede tenerlos, ni los que están en los cielos, ni los que están en la tierra.

Dios es eterno	Dios es omnisciente	Dios es omnipresente
Dios no tiene principio ni fin (Salmos 90.2, Isaías 57.15, 1Timoteo 6.16).	*Todo lo sabe* (Salmos 147.4, 1Juan 3.20).	*Esta en todas partes* (Salmos 139.7, Deuteronomio 3.24, Mateo 19.26).

LA TRINIDAD DE DIOS

Llamamos trinidad a la coexistencia del Padre, el Hijo y el Espíritu Santo en la unidad de la Divinidad (divina naturaleza o esencia). La doctrina de la Trinidad expresa que dentro del ser y las actividades del único Dios hay tres personas distintas en una sola esencia: Padre, Hijo y Espíritu Santo.

Aunque la palabra Trinidad no aparece en la Biblia, la «fórmula trinitaria» se menciona en la Gran Comisión (Mateo 28.19) y en la bendición de la segunda carta de Pablo a los corintios (2Corinitios 13.14).

Dios se reveló como uno a los israelitas (Deuteronomio 6.4). Esta era una significativa verdad porque las naciones que rodeaban a Israel habían caído en la idolatría, y eran muchos los dioses que adoraban.

Pero en el Nuevo Testamento Dios reveló que aunque es uno, esa unidad está compuesta de tres personas (Padre, Hijo y Espíritu Santo) que son uno en voluntad, propósito, amor y justicia.

La relación del Padre con el Hijo es prominente en los evangelios porque Jesús, el Hijo eterno que tomó forma humana, se hizo más visible a nosotros al expresarse en términos de una relación Padre-Hijo.

El Espíritu Santo se mantenía en el trasfondo ayudando a nuestros ojos de la fe. La unidad del Padre, el Hijo y el Espíritu Santo se ve claramente en las enseñanzas trinitarias de Jesús (Juan 14–16).

La más distintiva característica de la familia trinitaria es el desinteresado amor de cada uno de ellos hacia los otros dos. El Padre da toda autoridad al Hijo y confirma su testimonio (Juan 8.18). Pero el Hijo no busca nada para sí mismo. Da toda gloria al Padre que lo envió (Juan 12.49–50).

La clave para descifrar el misterio de la Trinidad es observar cómo las personas de la familia trinitaria se entregan unas a otras en desprendido amor. Cada uno está siempre a la disposición del otro. El Padre sirve al Hijo; el Hijo sirve al Padre; el Padre y el Hijo acatan lo que hace el Espíritu Santo, quien a la vez sirve y acata al Padre y al Hijo en una unidad eternamente dinámica e inagotable.

El amor mutuo de las tres personas de la Trinidad afecta favorablemente a la creación y se manifiesta en la cooperación sin límites entre ellos en la salvación del perdido (Juan 14.15–17, 25-26).

La Trinidad estuvo en acción en la encarnación de Jesús, **el Hijo del Altísimo:**

- Al ser concebido (Lucas 1.30–35).

- En su bautismo (Lucas 3.21, 22). Cumpliendo así dos profecías del Antiguo Testamento (Salmos 2.7; Isaías 42.1).

- En la tentación de Jesús (Lucas 4.3).

- En su predicación (Lucas 4.18).

- En la transfiguración (Lucas 9.35).

- En la entrega de todas las cosas al Hijo (Lucas 10.21-22).

- Jesús afirma que actua en nombre de Dios y a través del poder del Espíritu Santo (Lucas 11.20).

- Cuando Jesús limpió el templo (Lucas 19.45, 46).

- Jesús envia la promesa del Padre a sus discípulos (Lucas 24.49, Hechos 1.5, 8).

- Envía a los discípulos a bautizar (Mateo 28.19).

- El cumplimiento de la profecía de Jesús como vocero del Padre y el Espíritu Santo (Hechos 1.4–8) ocurrió en Pentecostés. Esto continuó a través de Hechos cuando el Espíritu Santo inspiró a Pedro y a los apóstoles a predicar un evangelio trinitario del Padre, Hijo y Espíritu Santo (Hechos 2.32-33; 5.29–32; 10.38).

IDENTIDAD

Pablo empleó un lenguaje trinitario en Gálatas, al hablar a menudo del Padre, el Hijo y el Espíritu Santo (Gálatas 3.13-14; 4.6; 5.5–6, 22–24). En Romanos empleó un modelo de tres partes para describir el plan de la salvación (Romanos 1.18–3.20; 3.21–8.1; 8.2–30).

Los demás libros del Nuevo Testamento contienen enseñanzas trinitarias, excepto Santiago y 3 Juan.

DIOS SE DA A CONOCER A SÍ MISMO

Conociendo Dios nuestra mente finita, se da a conocer a nosotros a través de las enseñanzas de la Biblia. Necesitaríamos muchas páginas para poder explicar la actividad de Dios en medio de nosotros.

Dios desea que nos identifiquemos con El en tres dimensiones. Podemos identificarnos con la esencia de Dios, conociendo a Dios como Padre. Nos identificamos con Dios como Salvador e Intercesor. Y nos identificamos con Dios como Consolador, Amigo y Compañero (Juan 14.16-17).

En este versículo conocemos la esencia de Dios en las tres dimensiones:

Y yo rogaré. Jesús esta hablando, el rogará, entonces conocemos a Jesús como nuestro Intercesor (Romanos 8.34, 1Juan 2.1).

Y yo rogaré al Padre, y os dará. Aquí tenemos la segunda dimensión de la esencia de Dios, el Padre, su función es dar (Santiago 1.17, Efesios 1.2, Mateo 7.11).

Y yo rogaré al Padre, *y os dará otro Consolador.* Finalmente tenemos la tercera dimensión o la tercera personalidad por medio de la cual Dios desea que nos identifiquemos con El. El Consolador, el Espíritu Santo. ¿Cuál es su función? Su nombre lo dice Consolar (Juan 14.26, Juan 15.26).

Cuando Jesús envía a sus discípulos a bautizar a los nuevos creyentes en el nombre del Padre, y del Hijo y del Espíritu Santo, realmente les estaba diciendo que los identificaran con la esencia de Dios como Padre, como Salvador e Intercesor, y como Consolador.

De esta manera podemos conocer de una manera más precisa al único amoroso Dios que nos ama, nos protege y nos acompaña hasta el final de los tiempos (1Juan 5.6-8).

LA PERSONALIDAD DE DIOS — LECCIÓN 7

PREGUNTAS FINALES

1. ¿En su experiencia personal como podría comprobar la existencia de Dios?

2. Cómo explica la frase con la que Dios se identifica con Moisés: ¿YO SOY EL QUE SOY?

IDENTIDAD

APLICACIÓN

Dios nos da la gran oportunidad de conocerle, para lo cual nos ha dejado su maravillosa palabra y el Espíritu Santo que nos enseña todas las cosas. Es nuestra responsabilidad acercarnos a Él para conocerle (Jeremías 29.13).

Nuestro desafío es escudriñar las escrituras a fin de conocer cada día más la esencia de Dios. El Padre nos seguirá dando, el Hijo seguirá intercediendo por nosotros y el Espíritu Santo continuará consolándonos y llevándonos de la mano en esta carrera a la eternidad.

ORACIÓN

Señor, hoy utilizó las palabras del Rey David cuando dijo, cada día me asombro de tu creación, cada detalle me revela que eres poderoso, los colores me revelan tu hermosura, gracias porque por medio de la creación te revelas a mi y se que aunque no te escucho el sonido del viento me dice que ahí estas tu a mi lado, en cada situación que paso me muestras una faceta de tu carácter, hoy entiendo que tu te manifiestas a mi vida de diferentes maneras, eres mi proveedor, mi bandera, mi pastor, mi justicia, no quiero irme de ti, ni un segundo quiero estar fuera de ti…abrázame con tu inmenso amor y tu misericordia mi sustente día a día…Gracias Jesús.

LECCIÓN **8**

LOS DONES ESPIRITUALES

EFESIOS 4.7-8
Pero a cada uno de nosotros fue dada la gracia conforme a la medida del don de Cristo. Por lo cual dice: Subiendo a lo alto, llevó cautiva la cautividad, y dio dones a los hombres.

IDENTIDAD

PREGUNTAS INTRODUCTORIAS

1. ¿Qué entiende por la palabra "carisma"?

2. ¿Por qué medio le fue revelado el don a Timoteo? (1Timoteo 4.14)

3. ¿Cuál es nuestra responsabilidad ante los dones que Dios ha puesto en nuestra vida? (1Timoteo 4.14)

LOS DONES ESPIRITUALES — LECCIÓN 8

OBJETIVOS

1. Comprender el significado correcto de los dones espirituales.
2. Conocer los dones que Dios ha puesto en nosotros.
3. Entender que los dones son para la edificación del cuerpo de Cristo.
4. Identificar una iglesia que fluye en los dones espirituales.

DESARROLLO

La palabra griega *jarésmata* es derivada de *jaŒris*, que significa gracia; de esta manera, los dones espirituales se pueden determinar como "dones de gracia". Se usa también el término técnico *carismas*, que significa gracia. En el Nuevo Testamento, aparte de 1 Pedro 4.10, el uso de la palabra don, se encuentra principalmente en las epístolas paulinas (cartas del apóstol Pablo). Se aplica esta palabra a las diversas funciones que contribuyen a la edificación de la iglesia.

Pablo nos enseña en primer lugar que tal función se desempeña por gracia de Dios y no por derecho ni por mérito propio. Tanto la autoridad como las capacidades para el ejercicio de la función proceden del Espíritu.

Además, nos enseña que cada función se justifica en la medida en que presta un servicio a la edificación del cuerpo (1 Corinitios 12.7). La función, en cuanto a don del Espíritu, se recibe con el fin de compartirla y así contribuir al desarrollo de cada hijo de Dios (Efesios 4.12).

En tres lugares (1 Corinitios 12.4–11, 28–30; Efesios 4.7–12 y Romanos 12.3–8) Pablo aporta listados de dones o carismas que por entonces deben haber sido comunes en la experiencia de las primeras comunidades cristianas. De estos pasajes pueden destacarse los siguientes aspectos:

Para el buen desarrollo del cuerpo de Cristo es necesario que exista una diversidad de dones. El apóstol Pablo ilustra el desarrollo de estos dones como la actividad que desarrolla cada miembro del cuerpo humano (Romanos 12.4–5).

IDENTIDAD

Dado que todos los dones, por más diversos entre sí que sean, proceden del mismo Espíritu, la diversidad no destruye la unidad, sino que la hace posible. La unidad se ve amenazada solo cuando una función se trata de imponer sobre las demás. El cuerpo de Cristo es lastimado cuando un miembro se enorgullece por los dones que en él se manifiestan (1Corinitios 12.4, Romanos 12.3).

Todo miembro de la comunidad recibe un don (o dones) del Espíritu. No existen miembros que carezcan de dones (1Corinitios 12.7).

Cada comunidad cristiana ha de estar dispuesta a recibir del Espíritu los dones necesarios para responder a los desafíos de su tiempo (Romanos 12.2). Podríamos decir que la diversidad de dones en la iglesia contribuye a tener un ministerio completo para llevar a cabo la gran comisión (Mateo 28.19).

DIVERSIDAD DE DONES

Dones del Padre (Romanos 12.3–8)	Son «motivaciones básicas», esto es, inclinaciones inherentes a cada persona, según las cualidades que les concedió el Creador desde su nacimiento. Dones para nutrir y equipar a su iglesia, no para control jerárquico o competencia entre los ministros de Dios.
Dones del Hijo (Efesios 4.8-11)	Son cinco oficios ministeriales relacionados con los dones que Cristo dio para nutrir y equipar a su iglesia, no para control jerárquico o competencia entre los ministros de Dios.
Dones del Espíritu Santo (1Corinitios 12.7–11)	Su propósito es específico: para «provecho» del cuerpo, la Iglesia. «Provecho», del griego *sumphero*, significa «reunir, beneficiar, favorecer», lo cual ocurre mientras la vida colectiva del cuerpo se fortalece y se expande por medio de su ministerio evangelístico (1Corinitios 12.11). No se debe adoptar una actitud pasiva ante ellos, sino desearlos y buscarlos activamente (1Corinitios 14.1).

Más allá de las distintas funciones desempeñadas por los apóstoles fundadores, el NT menciona suficientes apóstoles adicionales como para indicar que este oficio, al igual que el de profeta, es un oficio que sigue vigente en la Iglesia, como los más comúnmente reconocidos de evangelista, pastor y maestro (algunos consideran al pastor-maestro un solo oficio).

PERFECCIONAR
Griego

Recuperación de la integridad, como cuando una rama quebrada se vuelve a unir y a vendar.

El descubrimiento de una función, como cuando un miembro físico está funcionando adecuadamente.

Perfeccionar viene de la palabra griega *katartismos* que quiere decir, adecuar, preparar, entrenar, perfeccionar, calificar plenamente para el servicio. La palabra se aplica a la colocación de un hueso durante una cirugía.

La obra del ministerio es la tarea de cada miembro del cuerpo de Cristo y no sólo de un grupo selecto de líderes. Se revela que la tarea de los más dotados es ayudar a cultivar los ministerios individuales y colectivos de aquellos a quienes dirigen.

De acuerdo a Efesios 4.13–16, los progresos en *madurez* (v. 13), *estabilidad* (v. 14) e *integridad* (v. 15), que tienen lugar en la experiencia de cada miembro de la Iglesia, dan lugar al crecimiento (expansión cuantitativa) y a la edificación (fortalecimiento interno) de todo el cuerpo.

DONES DEL PADRE (ROMANOS 12.6-8)

Este pasaje despliega **los dones del Padre**, dados a cada persona como un medio para poder llevar su propósito a nuestra vida.

1. Profecía. Hablar con franqueza y visión, especialmente cuando lo hacemos bajo la inspiración del Espíritu de Dios (Joel 2.28, 1Corintios 12.10). *A la medida de la fe* parece significar que cualquier tipo de actividad profética debe ejercerse de acuerdo con la madurez espiritual concedida a aquel que habla, en reconocimiento de que ese don tiene su origen en Dios.

2. Servicio. Ministrar y servir amorosamente a todos los que están en necesidad. Ministrar tal como corresponde al trabajo y oficio del diácono (Mateo 20.26, 1Corintios 12.5).

IDENTIDAD

3 La enseñanza. Habilidad sobrenatural para explicar y aplicar las verdades recibidas de Dios para la Iglesia. Presupone el estudio y la inspiración del Espíritu que permite presentar con claridad la verdad divina al pueblo de Dios (Efesios 4.11).

4 El que exhorta. Significa literalmente llamar a alguien para animarlo a algo. En sentido amplio, equivale a suplicar, consolar o instruir (Hechos 4.36; Hebreos 10.25).

5 El que reparte. Su significado esencial es dar con un espíritu de generosidad. Desde un punto vista técnico se refiere a aquellos que proveen recursos a quienes no los tienen (2Corinitios 1.12; 8.2; 9.11, 13).

6 El que preside. Alude a alguien que se «pone al frente» en alguna actividad. Abarca la acción modeladora, supervisora y directriz del Espíritu Santo sobre el cuerpo de Cristo (1Corinitios 12.28, Filipenses 1.1).

7 El que hace misericordia. Identificarse con el sufrimiento de otros. Establecer relaciones de comprensión, respeto y sinceridad con otros. Para que sea efectivo, este don debe ser ejercido con amabilidad y alegría, no como una obligación. Define a quienes poseen el don de una fuerte sensibilidad; o a aquellos llamados a desempeñar funciones especiales en organismos cristianos de asistencia y ayuda.

NOTA: Con alegría: Alerta a quienes poseen estos dones a no dejarse dominar por la depresión o la apatía. Se usa la palabra griega *hilarotes* que indica bullicioso e hilaridad. Gracia, regocijo, gozo, benevolencia, afabilidad, jovialidad, alborozo.

En algunas culturas primitivas los traductores de la Biblia definen *hilarotes* como, "el corazón se está riendo y los ojos están danzando". La palabra se ha usado a menudo para designar el porte alegre de aquellos que visitaban a los enfermos, y de aquellos que daban limosnas. La persona que exhibe *hilarotes* es como un rayo de sol que ilumina la habitación del enfermo con calor humano y amor.

DONES DEL ESPIRITU SANTO (1CORINTIOS 12.8-10)

A partir de 1Corinitios 12.1 Pablo enseña a la iglesia acerca de los dones espirituales. Los corintios mal interpretaron la forma cómo el Espíritu Santo trabaja a través de la gente, y abusaron de su operación, considerándolos aparentemente como un fin para sí mismos (1Corinitios 14.32).

La respuesta de Pablo a este problema consiste en mostrar la necesidad de que el Espíritu se manifieste de forma variada y múltiple (cap. 12); la necesidad de que en estas manifestaciones prevalezca el amor y las motivaciones no egoístas (cap. 13); y la necesidad de controlarse y mantener un ordenado y edificante comportamiento en los servicios colectivos (cap. 14).

Pablo introduce tres principios guía que distinguen las vías de cómo *obra el Espíritu Santo:*

El primer principio del *control consciente.* A diferencia del paganismo, el poder del Espíritu Santo no conduce a la gente a la realización de acciones compulsivas e incontroladas. Su ministerio de amor, como arrullo de paloma, fortalece la personalidad humana. El Espíritu fortalece, no perturba a la gente. La persona no entra en un trance incontrolable, durante la manifestación del don, el portador esta perfectamente consciente de todo lo que hace y lleva a cabo.

El segundo principio afirma que *Cristo es glorificado.* Todas las manifestaciones del Espíritu concuerdan con la verdad acerca de Jesús. En ningún momento se contradice la palabra de Dios o el fundamento de Cristo.

El tercer principio destaca *la fe en las verdades* de la doctrina cristiana. La obra fundamental del Espíritu es colocar a la gente bajo el dominio de Jesús. Cada manifestación de los dones lleva al cuerpo de Cristo a una intimidad con nuestro amado Salvador.

Pablo identifica un don espiritual como una habilidad sobrenatural concedida por el Espíritu Santo a una persona, no como la exaltación de una habilidad natural. Así, cada don es *una manifestación del Espíritu*, esto es, una evidencia visible de su actividad. El Espíritu Santo derrama sus dones según su voluntad de acuerdo con la ocasión, desde el punto de vista divino.

IDENTIDAD

Relaciona las columnas con la respuesta correcta.

CUADRO DE TRABAJO
Los dones espirituales en acción

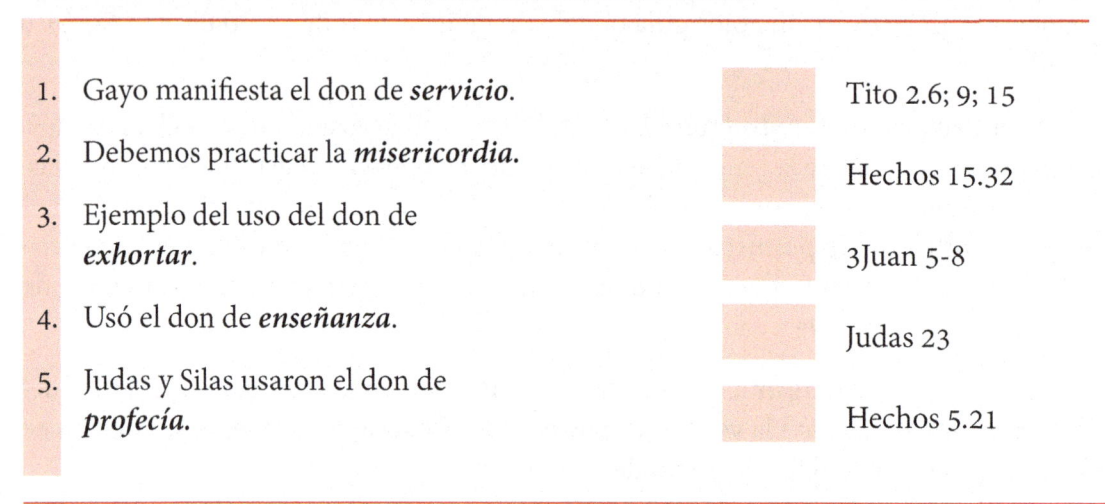

1. Gayo manifiesta el don de *servicio*.

2. Debemos practicar la *misericordia*.

3. Ejemplo del uso del don de *exhortar*.

4. Usó el don de *enseñanza*.

5. Judas y Silas usaron el don de *profecía*.

Tito 2.6; 9; 15

Hechos 15.32

3Juan 5-8

Judas 23

Hechos 5.21

Son nueve dones que evidencian la variada distribución que requiere *la plena manifestación del Espíritu*:

1 La palabra de sabiduría. Consiste en una expresión espiritual que brota en un momento determinado por el Espíritu, revelando de forma sobrenatural la mente, el propósito y las vías de Dios aplicadas a una situación específica.

2 La palabra de ciencia. Revelación sobrenatural del plan y voluntad divinos. Visión sobrenatural o comprensión de las circunstancias o de un conjunto de evidencias por medio de revelaciones; es decir, sin ayuda humana alguna, gracias solamente al auxilio divino.

3 Don de fe. Habilidad sobrenatural para creer en Dios sin reserva alguna. Habilidad sobrenatural para combatir la incredulidad. Habilidad sobrenatural para enfrentar circunstancias adversas, confiando en el mensaje de Dios y su Palabra. Convicción interna que obedece a un llamado urgente de lo alto.

4 Dones de sanidades. Alude a la sanidad obtenida por medios sobrenaturales, sin ayuda humana. Puede incluir la aplicación de terapias y medios de cura humanos bajo la dirección divina. No excluye el uso de los dones innatos que recibimos de Dios. Son aquellos mediante los cuales Dios concede sanidad por el Espíritu (Romanos 11.29).

LOS DONES ESPIRITUALES LECCIÓN 8

5 **El don de hacer milagros.** Poder sobrenatural para contrarrestar fuerzas humanas o malignas. Significa literalmente un despliegue de poder que va más allá de lo natural. Opera junto con los dones de fe y sanidad para ejercer autoridad sobre el pecado, Satanás, la enfermedad y las fuerzas que causan ataduras en este mundo.

6 **El don de profecía.** Predicción divinamente inspirada y declaración ungida. Proclamación sobrenatural en un lenguaje conocido. Manifestación del Espíritu de Dios, no del intelecto (1Corinitios 12.7). Puede ser poseída y practicada por todos los que están llenos del Espíritu Santo (1Corinitios 14.31). Este don pone en acción el intelecto, la fe y la voluntad, pero su ejercicio no está basado en el intelecto. Constituye la proclamación de un mensaje del Espíritu de Dios. La profecía, sin embargo, edifica, alienta y conforta a otros en la iglesia.

7 **Discernimiento de espíritus.** Poder sobrenatural para detectar el mundo de los espíritus y conocer su actividad. Implica la posesión de visión espiritual para revelar sobrenaturalmente los planes y propósitos del enemigo y sus fuerzas.

Es la habilidad para distinguir el espíritu del mundo, y especialmente para descubrir el verdadero motivo o razones que animan a la gente. A través de este don podemos ver el espíritu de las personas y las situaciones del corazón.

8 **Diversos géneros de lenguas.** Expresiones sobrenaturales no conocidas por quien habla: estos lenguajes puede que existan en la tierra, procedentes de antiguas culturas, o «desconocidos» en el sentido que son medios de comunicación inspirados por el Espíritu Santo (Isaías 28.11; Marcos 16.17; Hechos 2.4; 10.44–48; 19.1–7; 1Corinitios 12.10, 28–31; 13.1–3; 14.2, 4–22, 26–32). Sirve de evidencia y señal de la plenitud y la acción del Espíritu Santo.

9 **La interpretación de lenguas.** Poder sobrenatural que permite revelar el significado de las lenguas. Funciona no como una operación de la mente humana, sino de la mente del Espíritu. No constituye una traducción (el intérprete nunca comprende la lengua que interpreta), sino una declaración de su significado. Su ejercicio es un fenómeno milagroso y sobrenatural, como ocurre con los dones de hablar en lenguas y el don de la profecía.

Es el don de descifrar el significado del mensaje transracional (no irracional) del Espíritu a los que escuchan. No equivale a la traducción de un lenguaje extranjero. Nota: Ninguno de los dones requiere un escenario «público», aunque todos puede manifestarse y deben recibirse con beneplácito en las actividades colectivas.

IDENTIDAD

Relaciona las columnas con la respuesta correcta.

CUADRO DE TRABAJO
La manifestación de los dones espirituales

1.	La palabra de sabiduría.	Hechos 11.28
2.	La palabra de ciencia.	Marcos 6.13
3.	Don de fe.	Hechos 16.16-18
4.	Dones de sanidad.	1 Corintios 14.18
5.	El don de hacer milagros.	Hechos 11.24
6.	El don de profecía.	Hechos 19.6
7.	Discernimiento de espíritus.	Hechos 15.19-20
8.	Diversos géneros de lenguas.	Hechos 21.10-11
9.	La interpretación de lenguas.	Hechos 9.40

DONES DEL HIJO (EFESIOS 4.11)

Los cinco oficios ministeriales (dones a los hombres) son:

1 **Apóstol.** Implica el desempeño de un papel especial de liderazgo asignado por Cristo. Funciona como mensajero o enviado de Dios. En nuestra época se refiere a quienes poseen un destacado espíritu apostólico, hacen una contribución destacada a la ampliación de la obra de la Iglesia, abren nuevos campos misioneros y supervisan los principales órganos del cuerpo de Jesucristo.

2 **Profeta.** Un vocero espiritualmente maduro, portador de un mensaje divino especial dirigido a la Iglesia o el mundo. Una persona que en ciertas ocasiones recibe el don de prever los acontecimientos futuros. Dios le da a este tipo de ministros un don especial de fe, a fin de manifestar Su gloria sobre las fuerzas del enemigo.

Normalmente un Profeta trabaja de la mano de un Apóstol, juntos ponen el fundamento para dar solidez, dirección, fuerza, etc. a la iglesia (Efesios 2.20).

3 Evangelista. Se refiere fundamentalmente a un don especial de predicación o testimonio que atrae a los incrédulos a la experiencia de la salvación.

Desde el punto de vista funcional, el don de evangelista contribuye al establecimiento de obras nuevas, mientras que los pastores y maestros se ocupan entonces de organizar y sostener. Esencialmente, el don de evangelista contribuye a hacer conversos y a reunirlos física y espiritualmente en el cuerpo de Cristo.

4 Pastor. La palabra «pastor» deriva de una raíz que significa «proteger». Implica la función de nutrir, enseñar y cuidar de las necesidades espirituales del cuerpo, que ejerce un pastor/líder.

5 Maestro. Es el balance en la enseñanza pura para el crecimiento sano del cuerpo de Cristo. En realidad no es el clásico maestro de escuela dominical, es más bién, una persona dotada del don para escudriñar lo profundo de las escrituras para formar adecuada y sanamente al creyente.

PROPOSITO DE LOS DONES ESPIRITUALES

Todos los creyentes son miembros del cuerpo de Cristo. El cuerpo humano es un organismo exquisito. Los científicos no lo pueden duplicar, así como tampoco pueden entenderlo plenamente. Es una síntesis de muchas partes que trabajan juntas en una comprensiva totalidad. Lo que afecta a una parte del cuerpo, afecta a la totalidad. Cada miembro del cuerpo se relaciona con, y depende de las otras partes del cuerpo. Cada parte contribuye al bienestar de todo el cuerpo.

Y así es también con respecto a todos los creyentes como miembros del cuerpo de Cristo. Debemos funcionar en el cuerpo de Cristo como las partes del cuerpo humano funcionan en él. La amputación de un brazo es un impedimento para todo el cuerpo. No hay ningún hermano en la fe del cual no necesitemos.

La palabra «cuerpo» (griego, *soma*) se relaciona con *sozo*, que significa «sanar, preservar, ser restaurado». Esto muestra claramente cómo nuestras vidas están intrínsecamente unidas dentro del cuerpo de Cristo, y cómo nuestro bienestar depende del bienestar de otros (Romanos 14.7).

IDENTIDAD

Al comparar la iglesia con el cuerpo humano, Pablo muestra cómo la gran diversidad de dones asegura la unidad de la iglesia. Cada uno de ellos contribuye con algo necesario a la vida de la comunidad y al crecimiento del todo. No hay espacio para la arrogancia, ni necesidad de sentirse inferior en el cuerpo de Cristo, porque cada individuo desempeña un papel esencial en su funcionamiento.

AMOR, BASE DE LA OPERACIÓN DE LOS DONES ESPIRITUALES

En 1Corinitios 13.1 Pablo establece el *amor* como el factor fundamental para el desarrollo de los dones espirituales. Como la basc de todos los dones es el amor, ese espíritu de amor es el factor que nos califica para el ejercicio bíblico de los dones del Espíritu Santo.

Así, aquellos en autoridad deben «probar los espíritus» para asegurarse de que quienes ejercen dones espirituales, realmente lo hagan motivados «por el amor». Sin amor la mayor manifestación de dones y el más heroico de los sacrificios no significan nada. Las cosas buenas deben ser bien hechas, de la manera correcta.

El amor es sufrido, al ser paciente con las imperfecciones de la gente. El amor es benigno, activo en hacer el bien.

El amor no tiene envidia, en razón de que no es posesivo y competitivo, sino que desea lo mejor para los demás. Por lo tanto, no es jactancioso. El amor posee la cualidad de ocultarse, no hace ostentación de sí mismo.

El amor no es indecoroso, no trata a otros con arrogancia; no se comporta con rudeza, sino son cortesía y buenas maneras.

El amor no busca lo suyo, al no insistir en sus derechos o demandar precedencia alguna; al contrario, es generoso.

El amor no se irrita, no es susceptible, no es grosero ni hostil, sino que en los momentos difíciles mantiene la compostura.

El amor no guarda rencor, no lleva la cuenta de los males que ha sufrido, sino que borra el resentimiento.

El amor no se goza de la injusticia, no se alegra del infortunio ajeno, ni difunde rumores maliciosos, sino se goza de la verdad, al propagar activamente el bien.

El amor todo lo sufre, al defender y sostener a otros. El amor cree lo mejor de los demás, les acredita buenas intenciones y no es suspicaz.

El amor todo lo espera, no se desanima con la gente, sino cree en su futuro.

El amor todo lo soporta, al perseverar y permanecer leal hasta el final.

En comparación con el amor los dones son algo limitados, no completos; son temporales, no eternos; comunican un conocimiento imperfecto en lugar de perfecto. Cualquier cosa de esta era, comparada con la perfección de la nueva creación es algo insignificante, incluidos los dones.

IDENTIDAD

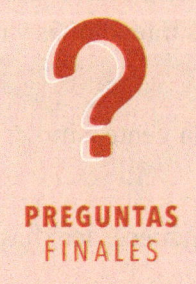

PREGUNTAS FINALES

1. ¿Cuál es el propósito de los dones espirituales?

2. ¿Por qué el amor es fundamental en el uso de los dones?

3. Escriba los cinco dones del ministerio (dones-hombre):

1-

2-

3-

4-

5-

4. ¿Qué entiende por "perfeccionar a los santos"?

LOS DONES ESPIRITUALES — LECCIÓN 8

APLICACIÓN

Dios nos da la gran oportunidad de ser parte de la gran familia cristiana, del cuerpo de Cristo. Además, deposita en cada uno de nosotros la confianza de usar los dones espirituales para perfeccionar a los santos para la obra del ministerio. La manifestación de estos dones no es para beneficio personal, sino para que otros sean perfeccionados. Al usarlos en beneficio de otros, encontraremos la satisfacción de servir, y experimentaremos que es mejor dar que recibir.

No debemos de esconder estos dones, pues al hacerlo, Dios nos tomará como infieles y los dará a aquellos que son mejores administradores. ¡Recuerde la parábola de los talentos! (1Corinitios 4.1-2).

ORACIÓN

Nunca me cansare de decirte cuanto te amo Señor Jesús, no soy ambicioso y si hay algo de eso en mi te pido perdón y no permitas que brote orgullo en mi espíritu, no quiero fallarte, enséñame a ser como tú, hoy rindo mi ser (espíritu, alma y cuerpo) para que fluyas en mi interior como tú lo desees Espíritu Santo, permito que manifiestes en mi tus dones, para el servicio de tu iglesia, quiero ser tus manos, tus ojos, tu boca y tus pies, aquí estoy tómame, soy tu siervo y hare lo que tu quieras en el nombre de Jesús Amen.

Made in the USA
Coppell, TX
10 February 2025